Aberto ao
Desejo

MARK EPSTEIN

ABERTO AO DESEJO

A VERDADE SOBRE O QUE BUDDHA ENSINOU

Tradução
CLAUDIO BLANC

São Paulo
2009

Copyright@2005 by Mark Epstein, MD.
All rights reserved including the right of reproduction in whole or in part in any form. This edition published by arrangement with Gotham Books, a member of Penguin Group (USA) Inc.

1ª Edição, Editora Gaia, São Paulo 2009

Diretor Editorial
Jefferson L. Alves

Diretor de marketing
Richard A. Alves

Gerente de Produção
Flávio Samuel

Assistentes Editoriais
João Reynaldo de Paiva
Lucas Puntel Carrasco

Tradução
Claudio Blanc

Preparação de texto
Dilma Dias Ratto

Revisão
Gabriela Trevisan
Tatiana Y. Tanaka

Capa
Reverson R. Diniz

Editoração Eletrônica
Adriana Albano

Dados Internacionais de Catalogação na Publicação (CIP)
(Câmara Brasileira do Livro, SP, Brasil)

Epstein, Mark
 Aberto ao desejo: A verdade sobre o que Buddha ensinou / Mark Epstein ; tradução : Claudio Blanc. – São Paulo : Gaia, 2009.

 Título original: Open to desire: The truth about what the Buddha taught
 Bibliografia.
 ISBN 978-85-7555-189-9

 1. Budismo - Doutrinas 2. Desejo - Aspectos religiosos - Budismo 3. Princípio de realidade (Psicologia) 4. Psicoterapia - Aspectos sociais I. Título.

08-11164   CDD-294.344

Índices para catálogo sistemático:
1. Desejo : Aspectos religiosos : Doutrina budista   294.344

Direitos Reservados
Editora Gaia Ltda.
(pertence ao grupo da Global Editora e Distribuidora Ltda.)
Rua Pirapitingui, 111-A – Liberdade
CEP 01508-020 – São Paulo – SP
Tel.: (11) 3277-7999 – Fax: (11) 3277-8141
e-mail: gaia@editoragaia.com.br
www.editoragaia.com.br

Obra atualizada conforme o
Novo Acordo Ortográfico da Língua Portuguesa

Colabore com a produção científica e cultural.
Proibida a reprodução total ou parcial desta obra sem a autorização do editor.

Nº de catálogo: **2994**

Para Arlene

SUMÁRIO

INTRODUÇÃO
O bebê e a água do banho...11

PARTE I
Pelo Querer do Desejo

Capítulo 1: *Ramayana*..31
Capítulo 2: O Caminho da Esquerda.....................................43
Capítulo 3: Descontentamento 63

PARTE II
Apego

Capítulo 4: O sabor da separação 81
Capítulo 5: O olhar para trás 93
Capítulo 6: Renúncia 105

PARTE III
O Fim do Apego

Capítulo 7: De objeto a sujeito 123

Capítulo 8: Um ambiente facilitado 133

Capítulo 9: O fruto 147

PARTE IV
Uma Trilha para o Desejo

Capítulo 10: Conselho 165

Capítulo 11: Saltando para dentro 181

Referências 185

AGRADECIMENTOS

Este livro não poderia ter sido escrito sem as discussões e o apoio das seguintes pessoas: John House, Nadine Helstroffer, George Lange, Rob Stein, Alex McNear, Michael Vincent Miller, Barbara Boris, Michael Eigen, Emmanuel Ghent, Daniel Goleman, Sharon Salzberg, Robert Thurman, Elizabeth Cuthrell, Joseph Goldstein, Jody Shields, Mickey Lemle, Cyndi Stivers, Janine Antoni, Kathleen Tolan, Ann Epstein, Bernard Edelstein, Larry Brilliant, Catherine Ingram, David Lichtenstein, Stephen Batchelor, Martine Batchelor, Kiki Smith, Carroll Dunham, Neil Gordon, Ed Rothfarb, Lisa Gornick, Ken Hollenbeck, Krishna Das, John Bush, Amy Gross, Fred Sandback, Mohani Dindial, Genine Lentine, Jeffrey Hoffeld, Carol Hoffeld, Marion Stroud, Jack Kornfield, Richard Alpert, Franklin Epstein, Sherrie Epstein, Jean Shechet, David Shechet, Marilyn Robic, Arthur Shechet, Sonia Epstein, Will Epstein, Ellie Shechet, Ben Shechet, Anne Edelstein, William Shinker, Lauren Marino, Margery Cantor, Emilie Stewart, Jeffrey Hopkins e Arlene Shechet.

*Meus pacientes compartilharam generosamente suas vidas interiores comigo e forneceram material para este livro.
Em todos os casos aqui citados, mudei nomes, bem como outros detalhes de identificação, ou criei uma imagem a fim de proteger suas privacidades.*

INTRODUÇÃO

O BEBÊ E A ÁGUA DO BANHO

U ma das minhas histórias favoritas vem da tradição sufi do Islã místico. É uma narrativa que nos diz exatamente aquilo que temos de enfrentar se nos empenharmos em trilhar o caminho do desejo. Um homem sentado no meio de um mercado do Oriente Médio chora copiosamente com um prato de pimentas espalhadas no chão, à sua frente. De forma constante e metódica, ele apanha uma pimenta atrás da outra, coloca-a na boca e a mastiga deliberadamente, gemendo sem controle.

"Qual é o problema, Nasruddin?", perguntam seus amigos, aproximando-se daquela cena extraordinária. "O que está havendo com você?"

Com lágrimas escorrendo pelo rosto, ele balbucia, engasgado: "procuro uma pimenta que seja doce".

Uma das qualidades mais simpáticas de Nasruddin é que ele fala com os dois lados da sua boca. Como o próprio desejo, as histórias-ensinamentos de Nasruddin sempre têm dois aspectos. Nasruddin é um tolo, mas também é um sábio. Há um significado óbvio em suas ações, que contém determinado tipo de ensinamento, e um sentido oculto, que contém outro tipo de verdade. O primeiro significado salta da história no primeiro momento. É a mensagem básica tanto da teoria budista como da freudiana. O desejo nunca aprende; nunca desperta. Mesmo quando não evoca nada além de sofrimento, ele persevera. Nossa infatigável busca pelo prazer sempre nos compele a fazer coisas terrivelmente estranhas.

Certamente, Nasruddin está modelando nossas vidas para nós. Lutando contra a maré de decepções, continuamos a procurar uma pimenta doce. Como seus amigos devem ter se indagado, ao observá-lo incrédulos, não seria melhor simplesmente desistir? Nessa versão da história, Nasruddin está passando um ensinamento espiritual convencional. Nossos desejos nos prendem à roda do sofrimento. Mesmo sabendo que eles nos causam dor, não conseguimos nos convencer de abandoná-los. Conforme Freud gostava de dizer, há uma "distância intransponível"[1] entre o desejo e a satisfação, uma distância responsável tanto pela nossa civilização como pelo nosso descontentamento.

No entanto, a perseverança de Nasruddin é uma pista sobre o quanto é impossível abandonar o navio. Afinal, ele é um professor iluminado, não um simples tolo. Goste ou não, ele está dizendo, o desejo não nos deixará sozinhos. Há uma esperança no espírito humano que não aceitará "não" como resposta. O desejo nos faz continuarmos a ir, mesmo que nos leve para um passeio. Como Freud também gostava de dizer, o desejo "sempre empurra para a frente",[2] levando-nos a encontrar e a usar nossa criatividade, propelindo-nos rumo a uma meta evasiva, porém urgente.

A parábola de Nasruddin modela a solução para a insaciabilidade do desejo, bem como para o problema. Seu desejo não pode ser detido, apesar da angústia que causa. Em seu choro impessoal e consciente, na sua aceitação implícita tanto dos perigos como das promessas de satisfação há uma sabedoria escondida com relação às persistentes demandas do desejo. Nasruddin não se desculpa pelo seu desejo; este persiste imperturbável apesar do aparente sofrimento do homem. Nasruddin também não luta contra suas lágrimas, num esforço para cessá-las. Tanto a tristeza quanto o desejo profundo não são perturbados. Embora conhecedor da própria tolice, Nasruddin não desiste. Ele parece saber que, apesar das lágrimas, há prazer na procura.

Essa história me atrai por causa da maneira como ela incorpora tanto a natureza perturbadora do desejo como sua urgência em ser satisfeito. Enquanto psiquiatra e psicoterapeuta, sou confrontado diariamente por clientes cujas histórias são semelhantes às de Nasruddin. Vez após outra, eles assumem comportamentos que, sob qualquer ponto de vista racional, deveriam abandonar. Suas frustrações jorram em meu consultório como as lágrimas de Nasruddin. Sou tentado, às vezes, a responder conforme os amigos de Nasruddin: "por que simplesmente não parar?", quero perguntar a eles. "Por que simplesmente não pendurar as chuteiras?" Como terapeuta influenciado não apenas pelas percepções intuitivas da teoria psicodinâmica, mas também pela sabedoria da psicologia budista, seria fácil assumir essa posição. Uma leitura dos ensinamentos de Buddha sugere certamente que a única solução para o sofrimento neurótico está em renunciar completamente ao desejo. Grande parte do pensamento oriental se baseia na ideia de que a renúncia é a chave do crescimento espiritual e psicológico. "Por que buscar o prazer se essa busca é a causa do sofrimento?", perguntam diversos professores orientais. No entanto, com o passar dos anos, percebi que, da mesma forma em que há um tempo e um lugar para esse tipo de lógica, o desejo pode ser um aliado tão importante quanto um inimigo poderoso.

Em defesa do desejo

Em trinta anos buscando integrar a sabedoria psicológica do Oriente e do Ocidente, o desejo se tornou, para mim, o principal conceito que une as duas tradições, o fulcro sobre o qual ambas repousam. Quando descobri o budismo, fiquei surpreendido pelo seu apreço absurdo da condição humana. "A vida é sofrimento", ensinou Buddha na primeira das suas Quatro Nobres Verdades. A doença física e a mental são sofrimento; não conseguir aquilo que se deseja é sofrimento; estar unido com o que não se deseja ou separado do que se deseja é sofrimento; até mesmo nosso eu – não tão substancial quanto gostaríamos que fosse – é sofrimento. Quando aprendi que a palavra usada por Buddha para designar sofrimento, *dukkha*, tem, na verdade, outro sentido mais sutil, o de "insatisfação permanente", fiquei ainda mais impressionado. "Sofrimento" sempre soou um tanto melodramático, mesmo que contando com o aparente suporte de uma cuidadosa leitura histórica. "Insatisfação permanente" parecia ter mais a ver. Mesmo as experiências mais agradáveis são permeadas por um sentimento de descontentamento por serem transitórias e não substanciais. Elas não compensam a insegurança, a instabilidade e a apreensão que sentimos.

A Segunda Nobre Verdade de Buddha, a da causa, ou "origem", do *dukkha* é tradicionalmente traduzida como "a causa do sofrimento é o desejo". Embora eu hoje reconheça que se trata de um erro de tradução, esse é o entendimento mais comum da percepção intuitiva de Buddha. O desejo, com todas as suas conotações, veio a ser percebido negativamente por muitos daqueles que se inclinam ao pensamento budista. Na primeira década do meu envolvimento com o budismo, conforme viajava para a Ásia, fiz muitos retiros de meditação silenciosa e imergi na nascente cultura budista que florescia no Ocidente na época, testemunhando uma valorização geral do estado de "não ter preferências", uma demonização do desejo. Essa palavra não se torna um problema para quem não tem preferências, dizíamos uns aos outros, fazendo eco a um romance desprezado e, então, redescoberto, escrito por um contemporâneo de Freud, Robert Musil, chamado *The man without qualities* (O homem sem qualidades).

Invalidar a maneira usual de abordar o desejo em nossa cultura, que é ceder a ele sem pensar ou, então, cheio de culpa, essa perspectiva contracultural parecia, à primeira vista, nova e inspirada. Colocar de lado a corrida convencional rumo ao conforto e à segurança abria espaço e tempo para a contemplação espiritual. Entretanto, de fato, isso quase sempre se degenerava num grupo de pessoas incapazes de decidir aonde ir ou o que fazer. Até mesmo ir a um restaurante representava um problema enorme. "Você decide", dizia alguém. "Na verdade, isso não importa", replicava outra, e uma paralisia geral resultava do fato de ninguém querer revelar suas reais preferências. A apatia era a regra. Por querer o desejo, a vitalidade da vida começava a evaporar.

O problema de negar qualquer aspecto do eu é que ele persiste como uma sombra. Claramente, não é possível eliminar o desejo ao se fingir que ele não está presente. Ele ressurge insistentemente, conforme Freud indicou com sua famosa frase, "o retorno do reprimido". Com uma regularidade que tem sido espelhada nas mais tradicionais comunidades religiosas ocidentais, aqueles que acreditavam ser mais fortes que seus desejos estavam errados. Como dizem os franceses, *"Chassez le naturel, il revient au galop"*. Expulse aquilo que é natural, e ele voltará a galope.

Aberto ao desejo

Quando comecei a trabalhar como psicoterapeuta, após completar muitos anos de treinamento médico e psiquiátrico, realizados depois da minha introdução ao budismo, descobri o quanto é importante ser capaz de admitir o desejo, ou o "próprio" desejo. A ênfase inicial de Freud na psicanálise era, de fato, ajudar pessoas doentes por conta de desejos proibidos. A psicoterapia, nas mãos

Introdução

de Freud e de seus seguidores, tornou-se um meio de permitir às pessoas superarem a distância entre o conceito que seu desejo forma de si mesmas e aquilo que elas realmente são. Com mais frequência do que o contrário, isso significa aprender a aceitar e a tolerar desejos e impulsos que se tornaram estranhos à pessoa. Quando comecei a tratar meus pacientes, foi me dada uma abertura especial aos embates particulares daqueles comprometidos com o caminho espiritual. Por conta da minha imersão no pensamento budista, muitos dos que me procuravam para fazer terapia tinham inclinação ao espiritual. Na verdade, uma das coisas que me impressionou foi o quanto as pessoas estavam usando de forma prodigiosa as tradições espirituais orientais, buscando nelas a função terapêutica. Com meus pacientes, tive o privilégio de ver o quanto os temas ligados ao desejo permaneciam fundamentais, mesmo depois de anos de busca espiritual. O que observei me levou a escrever este livro.

Muitas pessoas sinceras inclinadas à espiritualidade oriental estão correndo o risco de jogar fora o bebê com a água do banho. Ao identificarem a causa do sofrimento com o desejo, lutam para eliminá-lo de si. Várias dessas pessoas se consultaram comigo, querendo saber a razão pela qual sua busca espiritual não lhes trazia a paz de espírito que esperavam. Sentar-se com eles em um consultório é sentir pessoas que não estão em paz consigo mesmas. Pode haver uma qualidade fechada, ansiosa ou temerosa permeando a maneira pela qual se expressam. Quando encaram seus desejos com mais honestidade, um sentimento diferente emerge. Elas se tornam mais presentes, vivas, abertas e delicadas. Sua fragilidade desaparece. Fica mais fácil respirar. Todos os sentimentos que associo à meditação, que quero tornar acessível às pessoas por meio da psiquiatria, abrem-se quando as pessoas se tornam capazes de tratar seus desejos como algo pertencente a elas mesmas.

É por causa disso que a história de Nasruddin é tão tocante para mim. Conforme ele indica desafiadoramente, há mais no desejo do que o sofrimento. Há uma vontade profunda que é tanto espiritual como sensual. Até mesmo quando degenera em vício, há alguma coisa que pode ser salva do impulso original que só pode ser descrita como sagrada. Alguma coisa na pessoa (podemos nos atrever a chamá-la de alma?) quer ser livre e busca sua liberdade de qualquer maneira possível. Essa é uma das principais percepções intuitivas que se precipitaram do meu estudo das psicologias do Oriente e do Ocidente: *há um impulso à transcendência que está implícito até mesmo nos desejos mais sensuais.* Ao mesmo tempo em que há certas correntes, tanto nas tradições espirituais orientais como ocidentais, que rejeitam ou denigrem o desejo, encorajando-nos a esquecê-lo por meio da renúncia ou da sublimação, há outra alternativa, mais controversa, que Nasruddin mostra na sua história, e que descobri ser necessária para ajudar meus pacientes.

Conhecido no Oriente como Caminho *Tântrico*, ou de "Esquerda", o desejo, nessa visão, é um veículo para a transformação pessoal. É, por si só, uma yoga. Em vez de tratá-lo como a causa do sofrimento, o desejo é abraçado como um recurso valioso e precioso, uma emoção que, se corretamente controlada, pode despertar e liberar a mente. Nessa forma de pensar, o desejo é a resposta humana ao descontentamento descrito na Primeira Nobre Verdade de Buddha. É a energia que luta pela transcendência, mas, se for realmente para atingir suas metas, o buscador deve aprender a se relacionar com o desejo de maneira diferente. Ele, ou ela, deve aprender a usar o desejo, em vez de ser usado pelo desejo. Nesse sentido, o desejo é a base de toda busca espiritual. Conforme comentou um professor indiano contemporâneo, Sri Nisargadatta, famoso por sentar-se numa esquina movimentada, vendendo inexpressivos *bidis*, ou cigarros indianos, "o problema não é o desejo; é que seus desejos são pequenos demais".[3] O Caminho da Esquerda implica abertura ao desejo de forma que ele se torne mais do que um anseio por uma coisa qualquer que a cultura nos condicionou a querer. O desejo é um professor: quando imergimos nele sem culpa, vergonha ou apego, ele pode nos mostrar algo especial sobre nossas mentes que nos permite abraçar a vida de forma completa.

O natural

Quando Buddha ensinou sua Primeira Nobre Verdade, ele elaborou o sentido pungente de não-completude, o qual permeia grande parte da nossa experiência. Como se ele estivesse descrevendo a Segunda Lei da Termodinâmica (que toda coisa isolada está se movendo rumo a um estado mais desorganizado), ou o *princípio da*

Introdução

realidade de Freud (o prazer não pode ser mantido indefinidamente, mas deve sempre dar lugar ao desprazer), Buddha evocou a intranquilidade, a instabilidade e a incerteza que colorem nossas vidas. Em face dessas qualidades, as quais ele chamou de as três *marcas* da existência, todos nós sentimos nostalgia ou desejo. No mundo psicodinâmico, essa nostalgia ou desejo é algumas vezes descrito, na linguagem da psicanalista Melanie Klein, como *posição depressiva*. Na curiosa linguagem reversa da psicanálise, a posição depressiva é considerada uma realização desenvolvimentista, pois reconhece os sentimentos que vêm com a aceitação da separação. A habilidade de ver as coisas como elas são em vez de esperar satisfação constante e de compreender que todas as coisas são limitadas é o que permite o crescimento pessoal.

O desejo é uma resposta natural à realidade do sofrimento. Nós nos sentimos incompletos, e o desejo completa; sentimo-nos inquietos, e o desejo acalma; sentimos insegurança, e o desejo conforta; sentimo-nos sós, e o desejo nos conecta. Nossa experiência de vida e nossas personalidades são moldadas por *dukkha*, e nossa resposta é permeada de desejo. O desejo é o cadinho onde o eu é formado. É por isso que o desejo era tão importante para Freud e o motivo de ele ser o núcleo essencial da psicoterapia. Se não estivermos em contato com nossos desejos, não podemos ser nós mesmos. Nessa maneira de pensar, o desejo é nossa vitalidade, um componente essencial da nossa experiência humana, aquilo que nos confere nossa individualidade e que, ao mesmo tempo, nos empurra para fora de nós mesmos. O desejo é a nostalgia da completitude em face da enorme imprevisibilidade de nossa condição. É "natural", e se tentarmos expulsá-lo, ele voltará como uma vingança.

Na tradição sufi que Nasruddin exemplifica, o desejo persistente do Homem é compreendido como o reflexo do desejo de Deus de ser conhecido. Para os sufis, Deus está escondido, mas deseja ser encontrado. A pista da presença de Deus está na profundidade de nosso desejo insatisfeito. Apenas ao habitar a qualidade insaciável e infinita do desejo, o sufi pode começar a apreciar a natureza de Deus. Apesar de eu ser mais inclinado à tradição ateísta do budismo, na qual a noção de Deus é considerada irrelevante com relação aos esforços espirituais da pessoa, a perspectiva sufi sobre o desejo persistente não é retirada do Caminho da Esquerda. O infinito pode ser conhecido por meio de uma aceitação da – e abertura à – qualidade

ABERTO AO DESEJO

infindável do desejo insatisfeito. Meu interesse em escrever este livro é, de fato, corrigir a percepção equivocada e ainda dominante de que o budismo luta para eliminar o desejo.

Na verdade, a palavra que Buddha usou para descrever a causa do *dukkha* não foi desejo, mas sim *tanha*, que significa "sede" ou "anseio". Conota igualmente o que poderíamos chamar de apego: a tentativa de agarrar-se a uma experiência que não se pode reter, e não o desejo de felicidade ou de completude. Como terapeuta que durante os últimos trinta anos busca uma integração entre o budismo e a psicoterapia, tenho percebido o quanto essa distinção pode ser crucial. Colocar o desejo como inimigo e, então, tentar eliminá-lo é buscar destruir uma das nossas mais preciosas qualidades humanas, nossa resposta natural à verdade do sofrimento. O budismo não tem a intenção de ser o caminho da destruição, mas sim o caminho da autocompreensão. Não busca dividir para conquistar, busca totalidade e integração. Escondido em seu vasto corpo de ensinamentos, havia, de fato, uma maneira de trabalhar com o desejo que contradiz completamente a interpretação usual do budismo enquanto estimulador da renúncia e do desapego. Esses ensinamentos sobre o potencial de iluminação do desejo eram tradicionalmente mantidos em segredo, por conta da sua tendência de ser mal compreendido e de se tornar abuso; no entanto, sem eles, o valor total da abordagem budista não pode ser devidamente apreciado.

Nessa trilha do desejo, o budismo tem uma contrapartida natural na psicanálise contemporânea. As duas tradições estimulam uma apreciação dos importantes elos entre o espiritual e o sensual: as maneiras como as experiências eróticas podem ser transcendentes e as experiências espirituais podem ser eróticas. Em uma metáfora que Freud aprovaria sem dúvida alguma, o modelo da mente desperta no Budismo Tibetano é o orgasmo, pois é apenas durante o clímax do ato de fazer amor (na vida mundana) que os véus da ignorância caem. Há uma compreensão em ambas as tradições dos níveis multidimensionais daquilo que chamamos eu, das formas pelas quais buscamos conforto, proximidade, prazer, afirmação, libertação e esquecimento, tudo ao mesmo tempo, das mesmas pessoas, lugares ou coisas.

INTRODUÇÃO

Despertando para o desejo

O que distingue o Caminho *Tântrico*, ou de Esquerda, é o reconhecimento de que o desejo pode ser transformado por meio de um processo ao mesmo tempo mental, emocional, psicológico e espiritual. É um caminho que envolve menos exercício *físico* do que *mental*, uma mudança gradual na maneira como nos relacionamos com o desejo, na qual o anseio se torna um professor. A chave desse caminho é tornar o desejo uma meditação. Para muitos, essa ideia parece um sacrilégio. É muito mais fácil considerar o desejo como um inimigo e isolá-lo de tudo o mais que valorizamos. Quando é dividido ou demonizado ainda pode ser aproveitado, embora com culpa, mas nunca precisa ser integrado aos nossos impulsos mais elevados. Podemos continuar a desprezar o desejo, ou àqueles que estão desejosos, quando nós mesmos não estamos em suas garras, e dessa forma preservar uma noção artificial de superioridade. Conforme Freud sugeriu há muitos anos, há algo vagamente desagradável no desejo, algo que pode ter sua origem na repugnância que muitos têm com relação aos genitais. "Todos os neuróticos", observou Freud, com seu característico humor impassível, "e muitos outros além deles, objetam o fato de que *'inter urinas et faeces nascimur'* (nascemos entre urina e fezes)"[4].

É essa vergonha ou reticência com relação ao desejo que marcou grande parte das tradições espirituais tanto do Oriente como do Ocidente. Parafraseando Nietzsche, que descreveu o ataque cristão ao desejo erótico, o cristianismo não matou Eros, apenas o tornou depravado. Do puritanismo da cultura americana à visão oriental de que as sementes do sofrimento estão na infindável busca da satisfação da paixão, grande parte do mundo está em profundo conflito com essa característica que todos compartilham. Não obstante, para mim, essa abordagem divisória não é mais sustentável. A separação do espiritual do sensual, do sagrado do relacional e do iluminado do erótico não parece mais desejável. Certamente, a observação de quanto a divisão se mostrou impossível, até mesmo para os incontáveis professores espirituais de todas as tradições que tropeçaram no próprio desejo insatisfeito, foi instrutiva. Além disso, ter uma família e um relacionamento tornou claro para mim que isso requer a mesma dedicação, paixão e visão que uma jornada espiritual exige. Agora que a vida espiritual está nas mãos dos chefes de família em vez de estar nas mãos de

ABERTO AO DESEJO

ascetas, as exigências do desejo estão na frente e no centro, e não escondidas.

O desejo é um dos conceitos mais mal compreendidos nos círculos espirituais ocidentais. Nos grupos que se formam para aprender mais sobre meditação ou yoga, essa é uma questão que sempre encabeça as listas de discussão. A noção de desapego, que é fundamental na abordagem oriental da vida, fica agora mais problemática do que já era, por conta da necessidade de intimidade que a maior parte das pessoas tem. Afinal de contas, Buddha deixou sua esposa e filho pequeno para iniciar sua busca espiritual. É esse o modelo que queremos seguir em nossos relacionamentos?

Em uma recente conferência em Nova York, por exemplo, alguém perguntou ao escritor e estudioso budista Stephen Batchelor sobre esse tema: "não tenho problema para compreender a ideia de desapego na meditação", disse o espectador, "mas quando isso diz respeito ao meu casamento e à minha família, eu não entendo. Por que o desapego é uma coisa positiva a qual devo aspirar?" O apego, e mesmo o desejo, parecia àquele espectador algo que deve ser encorajado no reino interpessoal, não algo a ser superado.

Stephen fez um sinal à sua esposa, Martine, que estava acabando de entrar na sala. "Minha esposa diz que é como segurar uma moeda", disse ele, esticando um braço com a palma para cima e o punho fechado. "Podemos segurar dessa forma", e ele enfatizou o estado cerrado do seu punho, "ou podemos segurá-la assim", e abriu a mão para mostrar a moeda no meio da palma da sua mão. "O punho fechado é como o apego", disse ele, "mas com a palma da minha mão aberta, eu ainda seguro a moeda". Parecia que Stephen estava querendo dizer que o budismo, imagina, de fato, que o desejo pode ser vivido de maneira leve. A distinção entre o punho aberto e o fechado é a distinção entre o apego e o desejo. Embora Buddha visse a causa do sofrimento no desejo, ele não disse que a cura era simplesmente eliminá-lo. Seu caminho "direto", na verdade, dava muito mais voltas.

Antes da sua iluminação, o quase Buddha realmente tentou eliminar o desejo de seu ser. Essa era a abordagem mais óbvia ao problema do desejo e já estava bem estabelecida no seu tempo. A Índia, já naquela época, era uma terra de renúncias. De acordo com as práticas espirituais de então, o futuro Buddha se engajou em todos os tipos de austeridades destinados a livrar sua alma do desejo persistente. Ele se sentou num banco de pedra, jejuou e se puniu de todas as formas imagináveis; há esculturas famosas feitas onde hoje é o Afeganistão que mostram seu corpo emaciado com as costelas proeminentes por conta de tanta penitência. Dizem que seu asceticismo não tinha igual na antiga Índia.

Mas Buddha descobriu que ele se mataria com essas práticas antes de conquistar qualquer tipo de paz de espírito. Ao levar sua penitência ao extremo lógico, Buddha percebeu que o mundo não toleraria a eliminação de Eros. Em lugar disso, ele é que seria eliminado. Ele concluiu que deveria haver uma outra maneira e se pôs a desenvolver o caminho entre a austeridade e a satisfação sensual, que veio a ser conhecido como Caminho do Meio. É um lugar difícil de se habitar, um lugar entre espaços, ao qual Stephen também se referia no seu exemplo da palma da mão aberta. É um espaço de onde o desejo não é expulso, mas onde suas falhas inevitáveis também são toleradas, onde nos abrimos a ele simplesmente da maneira como ele é. Nesse lugar, não se rejeita o prazer. No entanto, também não se depende dele. É dado espaço ao prazer para que ele possa respirar, ao mesmo tempo em que o dono do desejo é incitado a examinar suas qualidades. "Observe a natureza do prazer", aconselhou o grande yogue tibetano Padmasambhava, "e haverá luz sem limite."[5]

O caminho do prazer

O caminho de Buddha não enfocava o desejo como um inimigo a ser conquistado, mas sim como uma energia a ser percebida corretamente. Buddha estava interessado em nos ensinar não apenas a como encontrar nossa liberdade, mas também como permanecer em um relacionamento afetuoso com outras pessoas. Apesar de ele ter aconselhado seus seguidores a serem luz para eles mesmos, também reconheceu o quanto precisamos uns dos outros para tornar a liberdade possível. Há tanta ênfase na compaixão nos ensinamentos de Buddha como há com relação à sabedoria, e fica claro que um caminho rumo ao desenvolvimento dessa compaixão passa pela investigação – e não pela eliminação – do próprio desejo.

Nessa abordagem há uma trilha psicológica muito sofisticada, a qual é espelhada e apoiada por nossa tradição de psicoterapia psicanalítica, igualmente devotada ao estudo intensivo do desejo. Essas são as duas tradições que mais influenciaram meu trabalho de terapeuta, e é a sabedoria nelas acumulada que eu desejo explorar neste livro. É, porém, uma tarefa que eu nunca poderia ter empreendido se não tivesse sido exposto, no início da minha carreira, à sabedoria psicológica contida nas antigas tradições da Índia.

O subcontinente indiano, apesar de ser tão ambivalente com relação ao desejo como qualquer outro lugar do mundo, é, contudo, repleto de uma reverência pelo potencial de iluminação de Eros e da ternura do coração humano. É uma terra profundamente influenciada por uma antiga apreciação do desejo, a ponto de sua abertura ter dado forma à cultura. Das suas vacas sagradas, símbolos da Mãe, cujo leite e adubo fornecem nutrição, combustível e abrigo, aos seus santos templos decorados com símbolos e cenas de erotismo divino, a Índia é coberta pelas muitas cores, odores, tecidos, sabores e faces da devoção. Seus monumentos, mesmo aqueles que datam de dois mil anos antes do primeiro florescimento dos ensinamentos de Buddha, são representações arquitetônicas da transformação do desejo; e seus mitos, épicos hindus como a história de amor e aventura infindavelmente repetida do *Ramayana*, que figura com tanta proeminência neste livro, ensinam seus ouvintes a transformar seus relacionamentos amorosos em aspectos do divino. A Índia é rica nos recursos naturais da emoção humana e possui um modelo para o desejo que é muito mais integrado do que o nosso.

Quando fui introduzido à Índia, foi-me oferecida a visão de uma cultura calcada no caminho do desejo, uma cultura na qual o prazer é a imagem do estado divino: onde ele é a escada, e não um simples degrau em direção aos céus. De certa forma, a abordagem indiana é um reflexo da freudiana. Para Freud, tudo era sexual, até mesmo o desejo por Deus. Nos seus famosos comentários sobre a experiência religiosa, que ele chamou de sentimento oceânico, ele reduziu a união que é possível de se conhecer por meio do *insight* místico à experiência erótica da criança com o seio da mãe. Grande parte do pensamento indiano considera, porém, tudo como sendo espiritual, até mesmo o desejo de sexo. Os mais sagrados templos são construídos sobre um modelo de erotismo divinizado.

Minha percepção é de que ambos são verdadeiros. Cada dimensão espelha a outra. Freud compreendeu que nossas vidas eróticas contêm uma versão destilada, essencial, despida da enormidade da nossa psique, enquanto as tradições indianas reconheceram que a atenção à paisagem erótica abre a compreensão

Introdução

transcendente. Conforme Freud admitiu certa vez numa conversa com um proeminente psiquiatra existencial, "tudo é instinto, mas tudo também é espírito"[6].

Nesta obra, eu enfoco os mitos hindus, os ensinamentos budistas e a teoria psicanalítica. Nas minhas discussões sobre o desejo mundano, concentro-me basicamente na vida íntima e nos desejos sexuais. Conhecendo as descobertas de Freud e por meio do meu treinamento como psicoterapeuta, descobri que uma observação destituída de vergonha da vida íntima permite uma percepção clara das dinâmicas da psique que de outra forma permaneceriam encobertas. Isso não significa sugerir que o desejo é apenas sexual, mas que dentro da sexualidade podemos encontrar um modelo para grande parte da experiência humana. Dentro do mundo da psicoterapia, essa redução das coisas ao seu fundamento sexual saiu, na verdade, um pouco de moda. Conforme as escolas daquilo que se tornou conhecido como relações-objeto e psicoterapia relacional cresceram em termos de popularidade, houve um reconhecimento de que os indivíduos estão buscando relacionamentos e afirmações como descarga sexual ou liberação erótica. Mesmo assim, escolhi lembrar a base erótica da experiência psicológica humana e enfocá-la sempre que possível; não excluir o relacional e o espiritual, mas mostrar como os três – o sexual, o interpessoal e o espiritual – existem em um contínuo e são parte e parcela uns dos outros. Conforme nos abrimos para o desejo, as coisas não se tornam menos sexuais; elas se tornam mais eróticas. O desejo busca a totalidade e a bem-aventurança – e pode encontrá-las em lugares incomuns. Meu esforço nesta obra é no sentido de manter a vida íntima em foco, usando-a como base para uma exploração daquilo que é essencial e espiritual no desejo. Quero evitar que o bebê seja jogado fora com a água do banho.

Dividi este livro em quatro partes, baseadas nas Quatro Nobres Verdades de Buddha, mapeando o caminho pelo qual o desejo pode nos levar, se formos capazes de usá-lo para o crescimento espiritual. Cada uma começa com uma citação de um famoso épico hindu chamado *Ramayana*, a história do amor frustrado de um homem e de uma mulher que, sem saber, eram também encarnações de Deus. O *Ramayana* mapeia o mesmo curso que as quatro partes aqui descrevem: uma progressão, impulsionada pelo desejo, da não-completude rumo à união, um retrato metafórico do caminho do desejo.

ABERTO AO DESEJO

A primeira parte, "Pelo Querer do Desejo", é baseada na maneira como as coisas normalmente são. Achamos que existimos separadamente do resto do mundo. Nossos desejos são urgentes e condicionados pela dualidade. Nós nos sentimos incompletos e temos consciência de nossas falhas e imperfeições. As relações amorosas e o desejo em geral são impulsionados pela objetificação, e não pela sinceridade. Sentimo-nos "precisando", e o "objeto" de nossa afeição tem de nos trazer gratificação. Ele nunca faz esse truque, e temos de lidar com a distância entre o eu e o outro, uma distância para a qual o desejo não pode servir de ponte. Achamos que sabemos tudo sobre o desejo, mas, na verdade, não estamos completamente abertos a ele.

A segunda parte, "Apego", descreve o que acontece quando começamos a perceber que não existe algo como um objeto que, no final das contas, satisfaz todos os desejos. É aqui que o primeiro confronto com o apego acontece, uma vez que os obstáculos ao nosso crescimento, chamados no budismo de *fixações*, se originam no esforço para encontrar um objeto que nos satisfaça completamente. Nessa fase de desenvolvimento espiritual, certo tipo de renúncia é necessária para que se possa diferenciar o desejo apaixonado, ou "sede", do desejo em si.

Na terceira parte, "O Fim do Apego", surge o florescimento da vida subjetiva. Quando o desejo não é negado ou suprimido, mas em vez disso tem permissão para crescer à luz da consciência de que não há um eu ou objeto que satisfaça todos os desejos, é possível haver um tremendo desenvolvimento da vida interior. O encontro de um terceiro caminho com o desejo, sem negá-lo nem a ele se apegar, é o trunfo que a psicologia de Buddha torna possível. Dessa nova abordagem surge a habilidade de criar empatia com a experiência pessoal do outro. Sem se relacionar mais com os outros como "objetos" que existem apenas para proporcionar nossa gratificação ou para nos negarem, uma pessoa nessa fase é capaz de transformar suas experiências íntimas em alimento espiritual.

A quarta e última parte, "Uma Trilha para o Desejo", descreve os princípios essenciais que nos permitem tirar o máximo proveito do nosso desejo, a usá-lo em vez de sermos usados por ele. Quando o desejo não é mais usado para atacar um mundo percebido como separado, mas em lugar disso imergirmos completamente nos prazeres que nos cercam, um novo tipo de satisfação se torna possível. Nesse ponto, até mesmo a água do banho tem potencial.

Notas

1. J. Chasseguet-Smirgel & B. Grunberger, *Freud or Reich? Psychoanalysis and illusion*. New Haven & London: Yale University Press, 1986, p. 130.

2. Sigmund Freud, Beyond the pleasure principle. In: *Standard Edition of the Complete Psychological Works of Sigmund Freud*. Edição e tradução de James Strachey. London: Hogarth Press and Institute of Psychoanalysis, 1955, p. 42, v. 18.

3. Jack Engler, comunicação pessoal, 11/3.

4. Sigmund Freud, Civilization and its discontents. In: *Standard Edition of the Complete Psychological Works of Sigmund Freud*. Edição e tradução de James Strachey. London: Hogarth Press and Institute of Psychoanalysis, 1961, p. 106, v. 2.

5. Ian A. Baker, *The Dalai Lama's secret temple:* tantric wall paintings from Tibet. New York: Thames and Hudson, 2000, p. 167.

6. Mark Epstein, *Going on being*. New York: Broadway Books, 2001, p. 1-2.

PARTE I

PELO QUERER DO DESEJO

Ravana olhou Sita e pensou: "minha".
Ramayana (p. 176)

Capítulo 1

Ramayana

O maior e mais vívido retrato em toda a mitologia indiana – na verdade, em todas as mitologias do mundo – do potencial de iluminação do desejo pode ser encontrado num antigo épico hindu, o *Ramayana*, uma das lendas mais populares da Índia. Composto de 25 mil versos, é uma história sobre o movimento de transformação do apego ao desejo puro. Enquanto fábula hindu, engloba uma sabedoria universal, também retratada de forma viva no caminho budista do desejo. O *Ramayana* descreve, de forma mítica, a jornada que se pode empreender do apego ao não-apego, quando o desejo é reconhecido como um caminho. Seus principais personagens, os amantes Sita e Rama, se movem para trás e para frente, entre a união e a separação ao longo de toda a história, auxiliados na sua tentativa de se unir novamente por um famoso macaco chamado Hanuman. Como os ensinamentos de Buddha, o *Ramayana*, escrito entre 220 a.C. e 200 d.C., foi difundido em toda a Ásia, sendo ensinado no Ocidente apenas recentemente. Suas histórias adornam as paredes do complexo de templos budistas em Angkor Wat, no Camboja, construído mil anos depois, e ainda é encenado na Indonésia, um país predominantemente islâmico, onde sua vitalidade sobreviveu durante muito tempo após o declínio do budismo e do hinduísmo. Embora seja uma lenda hindu, suas lições foram adotadas por pessoas de muitas religiões diferentes.

Li o *Ramayana* pela primeira vez durante minha lua-de-mel, em Bali e Java, e fiquei surpreso ao ver suas histórias serem encenadas em danças, teatro de marionetes e teatro, enquanto eu ruminava, da minha maneira interna, sobre as implicações da história para meu casamento. Pareceu-me como se, durante o mês em que estive imerso na fábula, eu a estivesse vivendo, lendo-a e assistindo-a em todos os lugares. Quando minha esposa e eu tivemos filhos, o *Ramayana* foi uma das primeiras histórias que lemos para eles. Quando minha filha, então com cerca de quatro anos, entrou pela primeira vez numa sinagoga, perguntou-me aos sussurros, enquanto olhava o tabernáculo onde a Tora é guardada, "é lá que Hanuman mora?". A universalidade da história também não havia se perdido nela.

Embora o amor que liga Sita e Rama nunca é posto em dúvida durante a longa separação que define a maior parte da história, é o desejo que nutrem um pelo outro que os faz buscar o reencontro. Uma maneira de ler o *Ramayana* é como um ensinamento sobre como colocar o desejo a serviço do amor: como usar o espaço inevitável que existe entre o amante e o amado como veículo de sabedoria e compaixão. Apesar de a estrutura imaginativa do *Ramayana* ser completamente diferente de um texto psicodinâmico moderno, sua mensagem pode ser facilmente traduzida na linguagem psicológica do nosso tempo: o vazio entre o amante e o amado é o espaço onde o trabalho emocional e espiritual mais crítico tem lugar.

Esta, claro, não é a interpretação mais convencional da história, uma das mais populares em todo o sul e o sudeste asiático. Para alguns, é apenas uma aventura fantástica, a lenda de uma grande batalha entre o exilado príncipe Rama e seu exército de ajudantes animais, de um lado, e o rei-demônio Ravana e sua força de *rakshasas*, uma raça de seres poderosos que vivem na ilha de Lanka e que raptaram a adorável esposa de Rama, Sita. Para outros, é basicamente uma história de devoção centrada no deus-macaco Hanuman, o qual é uma espécie de *trickster* (brincalhão astuto), mas que está totalmente a serviço de Rama, salvando sua vida e resgatando sua esposa dos demônios maus. Outros, ainda, veem a história como um romance divino, uma fábula sobre o amor imortal entre Sita e Rama, dois aspectos de uma divindade cuja separação é pura ilusão, representada em benefício de seus devotos.

Apesar de as lições sobre desejo estarem realmente presentes na história, normalmente elas não chamam a atenção, ao menos não de maneira consciente. Certamente Sita e Rama são amantes, mas Rama (sem o saber) é uma encarnação de Vishnu, um aspecto de Deus. É uma prática padrão, de fato, ver toda a paixão da história como uma alegoria do amor de Deus. É fácil, sob a magia do divino, ignorar os ensinamentos sobre o desejo humano implícitos no texto. Meu velho amigo e professor Ram Dass (cujo nome hindu significa "servo de Rama") virtualmente ridicularizou minha interpretação quando a mostrei a ele.

"Rama e Sita são pessoas puras", ele me lembrou. "O desejo humano pertence a uma categoria diferente. O ego tem muitos desejos; o único desejo que a alma tem é o de se fundir a Deus".

Embora haja uma parcela de verdade naquilo que Ram Dass me disse, não concordo totalmente com ele, ao menos com relação a aceitar a divisão estrita entre o que a alma quer e o que o ego almeja. Essa divisão do eu em superior e inferior é uma das tendências inábeis que o *Ramayana* aborda. Apesar de ser inevitável que, em certo grau, o desejo fuja de controle, a deturpação do desejo pode se tornar uma das formas pelas quais sua sabedoria é distorcida. Ver o desejo limitado ao reino do ego – e, portanto, como algo potencialmente perigoso – é não compreender sua verdadeira natureza. Em última instância, o poder do desejo pode ser direcionado para o crescimento espiritual. Essa é a mensagem do *Ramayana*.

Há uma divertida história da tradição zen-budista japonesa sobre um monge que compôs um poema sobre uma pintura erótica de uma cortesã. Ele escreveu o seguinte:

Em cima e embaixo,
Em cima e embaixo,
Adquiri muita
Resistência –
Ninguém percebe meu verdadeiro propósito?[1]

O *Ramayana* é a história da descoberta do verdadeiro propósito do desejo: a superação do apego ou compulsão que Buddha descreveu como a origem do sofrimento. O que há de notável nisso é que a superação do apego é realizada no contexto de uma paixão que se aprofunda e se intensifica. Apesar de o subtexto dessa lenda tratar da tendência do desejo de se fragmentar, dividindo-se em inferior e superior, instintivo e espiritual, ou em humano e divino, a essência da história é a habilidade do desejo de resolver essa divisão. No *Ramayana*, tal divisão e sua resolução são encenadas literalmente. Parte do motivo de a lenda ser tão longeva e popular, creio, é que as dificuldades enfrentadas pelos seus protagonistas também são as nossas dificuldades. Como Sita e Rama, todos nós temos de aprender a navegar nas águas dos nossos relacionamentos mais íntimos, encarar a solidão e a separação intrínsecas ao amor e a confrontar os demônios que nos impedem de conhecer o aspecto divino do nosso desejo.

A história

O *Ramayana* começa com uma encarniçada batalha entre deuses e demônios. Grande parte do Céu é destruída, e o rei-demônio, Ravana, obtém a promessa de Brahma, o mais elevado entre os deuses, de que ele nunca será derrotado por qualquer criatura do Céu ou dos submundos. Mas Ravana, que representa o ego humano, é descuidado e orgulhoso. Ele esquece de pedir proteção contra humanos e animais, pois sequer imagina que eles possam vir a ameaçá-lo. Por conta de seu equívoco, os grandes deuses Vishnu e Lakshmi são convencidos pelos outros deuses a nascer como humanos. Vishnu divide-se em quatro partes e encarna como quatro irmãos, dos quais o príncipe Rama é o mais velho e forte. A deusa Lakshmi encarnou como Sita, destinada a ser a esposa de Rama. Em suas formas humanas, Rama e Sita não têm consciência de sua divindade, mas são, contudo, virtuosos e honrados, conforme caberia à sua linhagem celestial. Rama é obrigado a assumir o reino de seu pai. No entanto, após ser traído por sua madrasta, é persuadido a abdicar em favor de seu meio-irmão e a aceitar um exílio de 13 anos na floresta, acompanhado de Sita e de outro meio-irmão, Lakshmana.

Na Índia, a floresta equivale ao inconsciente. É um lugar no qual não há as regras ou os regulamentos que existem no lar onde os buscadores espirituais sempre buscam refúgio. Na história de Buddha, a floresta é o lugar para onde ele vai em busca da verdade, após descobrir a realidade da impermanência e do sofrimento. No *Ramayana*, a floresta é o local da mágica e do mistério, habitada por todos os personagens híbridos da mitologia indiana. É na floresta que o confronto predestinado entre Ravana e Rama se desenrola.

É o desejo de Ravana que faz com que ele entre na órbita de Rama, e é o desejo de Sita que a faz se perder. Ravana espiona Sita e fica aturdido com ela. Ele convence um mago de quem é seu amigo a transformá-lo em gamo para atrair a atenção de Sita, quando ela está só no seu acampamento esperando o retorno de Rama e de Lakshmana. Indo contra sua razão, ela segue o gamo e logo se vê na carruagem dourada de Ravana, sendo levada rumo ao sul, para Lanka, a terra dos demônios. A divisão do desejo convencional é estabelecida por esse sequestro. Ravana é o rei do ego e do desejo sensual, mas Sita, depois de o engodo do gamo ser revelado, permanece focada em Rama. Para demonstrar isso, no momento em que é raptada, ela joga suas joias nas mãos de dois macacos, importantes personagens da história, que mais tarde ajudam Rama e o servem como seus emissários. Essa descrição, que deve ser cantada nos versos originais em sânscrito, é belíssima:

Sita quebrou suas tornozeleiras e as deixou cair na colina, a qual parecia plana. Ela tirou seus brincos e os deixou cair. Sita deixou todos os adornos de Anasuya caírem e também prendeu o colar de Guha no seu lenço amarelo com franjas de ouro e os deixou cair. Ravana não percebeu. Ele guiou a carruagem com ainda mais rapidez, enquanto o cabelo de Sita drapejava ao vento, e eles deixaram os dois macacos para trás.

Os dois macacos observaram com seus olhos castanho-amarelados, sem sequer piscar, enquanto os sinos e braceletes de ouro e prata de Sita caíam tilintando. O lenço amarelo rutilou como raio; os ornamentos prateados eram a Lua e as brancas estrelas cadentes.[2]

Sita é assim reduzida de maneira repentina e precipitada ao estado humano mais comum: ela foi separada de Deus e está à mercê da ignorância e do instinto. Aquilo que a faz, nas palavras de Ram Dass, "pura", é o fato de ela se lembrar do amado, resistindo ao impulso do seu desejo. Não que Sita não tenha desejo ou seja assexuada, mas seu desejo, após o breve interlúdio com o gamo, é inteiramente dirigido a Rama. Embora ela seja torturada por Ravana com suas muitas cabeças, emblema do desejo que vicia, ela não tem dificuldade em resistir à objetificação a que Ravana busca submetê-la. Apesar de o desejo de Ravana ser o de possuí-la completamente, ele é frustrado em seu intento. Sita não pode ser controlada, mesmo que sua fidelidade a Rama não seja tão inabalável quanto sua repulsa pelo inimigo.

Ao mesmo tempo em que é fácil ridicularizar a abordagem de Ravana, seria um erro desprezá-lo sem mais nem menos. Ele é um personagem que não deixa de atrair simpatia. Ele pode ser um demônio, mas nas suas súplicas a Sita, ele parece muito humano. Ravana somos nós tentando possuir os objetos da nossa afeição, tentando nos fundir a um amado objetificado e idealizado. Sua crença no poder que os objetos têm de satisfazer sua fome exemplifica o apego da Segunda Nobre Verdade. Ele faz tudo o que pode para conquistar a afeição de Sita. Ele me lembra de um paciente que tive, um homem forte, fácil de se gostar, enérgico, extremamente inteligente e sensível, que sempre reclamava que sua mulher lhe negava sexo na frequência que o satisfazia.

"Dou muita atenção às preliminares, à satisfação dela", ele costumava me contar, como se estivesse mostrando que não era egoísta. "Por que ela não quer tanto quanto eu?" Ele mal podia esperar pelos filhos irem dormir para que pudessem "ficar daquele jeito", mas muitas vezes ela lhe dizia educadamente que não estava com disposição.

"O que *é* excitante para ela?", perguntei-lhe uma tarde, e ele ficou carrancudo de repente. Revirou a memória em silêncio durante longos instantes. Então, ele se lembrou de algo que acontecera não fazia muito tempo. Sua esposa havia lhe pedido que a ajudasse a tirar algumas caixas que estavam atravancando a sala. Se ele tirasse as caixas, disse ela, ela ficaria mais disposta. Ele não prestou atenção ao conselho; não fez qualquer sentido para ele. Mesmo assim, essa foi a única dica que lhe veio à mente. A história ficou ainda mais ferina por causa da associação que se seguiu: "meu pai nunca fazia nada para agradar minha mãe", contou meu paciente. "Mas ele costumava se aproximar dela por trás e agarrar os seus seios na nossa frente."

Meu paciente era como Ravana na medida em que não conseguia ter empatia pelo ponto de vista da esposa, quando ele tentava simplesmente possuí-la sem levar em consideração o desejo dela. O fato de não conseguir satisfazer-se com ela, porém, abriu a possibilidade, no meu consultório, de apreciar a separação dela e aceitar a sua. Isso foi a chave de uma ligação mais profunda. Para ele, era estranho que as caixas na sala pudessem ter qualquer coisa a ver com o relacionamento sexual deles, mas reconhecer isso foi o pré-requisito para ativar de novo o desejo no seu relacionamento. O *Ramayana* conta uma história diferente. Sita e Rama têm de encontrar o caminho que leva um ao outro, uma vez que são colocados como pessoas separadas, divididas pelo oceano e sob o cerco de demônios. Eles podem ser divinos, mas na terra têm de encenar a situação humana, inclusive seus aspectos desagradáveis.

Rama, encarnação de Vishnu, manifestação insuspeita de Deus, fica privado, amputado, quando Sita é raptada. Separado dela, ele busca a ajuda do deus-macaco e de uma série de outros animais. Hanuman, a incorporação da devoção, traz a Rama as joias de

Sita e leva a ela um anel de ouro, símbolo do amor perseverante de Rama, dado a ele pelo pai de Sita quando eles se casaram. Ela recebe Hanuman, pega o anel e lhe entrega mais uma joia, uma pérola montada sobre uma folha de ouro que seu pai prendera em seu cabelo no dia de seu casamento. Ela recusou a oferta de Hanuman de levá-la com ele, insistindo que o próprio Rama viesse libertá-la. Sita exige nada menos que uma união completa, mesmo que para isso seja necessária uma batalha de proporções épicas.

O filho do vento

Rama só consegue libertar Sita com a ajuda de Hanuman. O deus-macaco, filho do vento, é a ponte entre os dois amantes, o veículo que os ajuda a superar o obstáculo do ego possessivo que se interpôs entres eles. Tanto o vento como o macaco, no pensamento indiano, representam a mente. Enquanto filho do vento, o papel crucial de Hanuman na história sugere a importância do treinamento da mente para se superar o espaço vazio que o desejo deixa em sua esteira. O papel de Hanuman é o de ser a ponte sobre esse espaço vazio criado pelo ego: quebrar a tendência de objetificar o amado e se abrir para a apreciação do aspecto subjetivo e inapreensível da experiência do outro.

Hanuman abre o potencial criativo da imaginação humana. Ele preenche o espaço intermediário entre o amante e o amado, o espaço que deve ser treinado por meio da meditação para que o desejo não se torne vítima da frustração e da decepção. Hanuman representa a vida interior que o confronto com o *dukkha* abre. Mas sua tarefa é diferenciar o desejo puro do apego que tende a obscurecê-lo.

As aventuras de Hanuman recheiam a parte central do *Ramayana*. É ele quem descobre onde Sita está sendo mantida prisioneira e é ele quem, de maneira furtiva, a visita. Com um famoso salto, ele cruza o oceano entre a Índia e Lanka e, depois de se confrontar com Ravana, põe fogo em toda a cidade com sua cauda incandescente. Voltando a Rama, ele recruta um exército de animais falantes para construir uma enorme ponte através do oceano para travar a batalha final, na qual Rama poderá finalmente resgatar Sita e trazê-la de volta para casa. É só nesse ponto que ele descobre sua origem divina.

ABERTO AO DESEJO

No *Ramayana*, a separação física de Sita e Rama é uma metáfora da separação do sujeito e do objeto, ou do amante e do amado. O resgate de Sita depende de uma terceira força capaz de eliminar a distância entre ela e Rama. Encarnado pelo macaco Hanuman, filho do vento, esse personagem que habita no limiar é a chave para a solução de um dos dilemas mais persistentes do desejo. De certa forma, o desejo não sabe bem o que fazer com ele mesmo. Ele busca união, posse ou satisfação total, mas nunca consegue isso de forma completa. Conforme Buddha reconheceu na sua Primeira Nobre Verdade, e conforme Freud concordou muitos séculos depois, sempre há uma insatisfação residual, até mesmo na experiência mais satisfatória. O objeto sempre decepciona.

O personagem Hanuman demonstra o caminho por esse problema, o aspecto mais crucial da trilha do desejo. Ao criar uma ponte até Lanka, ajudado por um exército de animais recrutados para reunir os amantes separados, Hanuman mostra que é possível quebrar a tendência de objetificar tanto o eu como o amado. Ao confrontar a tendência rumo à objetificação, Hanuman e seus ajudantes funcionam como o *objeto transicional* ao ajudar uma criança pequena no modelo psicodinâmico: uma ponte entre o eu e o outro é criada e torna possível uma apreciação de suas naturezas fluidas. Por exemplo, quando uma criança pequena brinca, por meio da imaginação, com seu animal de pelúcia preferido, uma das coisas que acontece é o aprofundamento da sua vida interior. A função "transicional" dessa brincadeira é ajudar a criança a tolerar a separação que, do contrário, seria insuportável. A brincadeira ajuda a criança a não levar a separação tão a sério. Ao ajudar Sita e Rama a se encontrarem de novo, Hanuman mostra a eles como o aprofundamento da sua intimidade depende de como compreendem o vazio entre eles.[3]

O desejo é uma parte central na história de Rama e Sita. É o desejo que os separa, mas que também os reúne. Conforme simbolizado por suas joias, que passam para frente e para trás por intermédio do macaco, o desejo deles alimenta seu re-encontro. Quando Sita atira seus ornamentos carruagem abaixo, ela acende o Céu com seu desejo. Como estrelas cadentes, eles brilham e caem nas mãos dos macacos, personagens pivôs que simbolizam a habilidade de amealhar a energia ígnea do desejo. Parte do trabalho espiritual de Sita e de Rama é descobrir o que fazer com seu desejo: como administrá-lo e como usá-lo a serviço do seu amor. O esforço deles é o nosso esforço. Como podemos evitar que o desejo seja sequestrado pela força divisória do apego? Como podemos usar o desejo para nos ajudar a conhecer o divino?

Algo está faltando

O desejo pode ser um problema persistente, daqueles que parecem não ter fim. Bem no fim da vida de Freud, numa de suas notas finais, escrita numa página separada de papel, podemos vê-lo ainda lutando com sua versão do problema:

A última instância de todas as inibições intelectuais e de todas as inibições funcionais parece ser a inibição da masturbação na infância. Mas talvez isso seja mais profundo; talvez não seja a inibição por influências externas, mas sua natureza insatisfatória. Sempre algo está faltando para a descarga e satisfação completa – "en attendant toujours quelque chose qui ne venait point..."[4]

A frase de Freud em francês é sua definição do desejo: "sempre esperando por alguma coisa que nunca vem". Nessa frase, Freud toca diretamente a Primeira Nobre Verdade do descontentamento, ao mesmo tempo em que se refere ao sofrimento de Sita em Lanka. Nada parece estar direito. Até mesmo o prazer decepciona. Há sempre um sentimento residual de que algo está faltando. Mas o *Ramayana* afirma uma coisa a mais, exatamente como disse Buddha. Apesar de um aspecto da natureza do desejo ser o vazio entre satisfação e realização, o objetivo final do desejo é nos libertar do apego. O amante de Sita *realmente* vai até ela. Para contrabalancear o pessimismo de Freud, devemos viajar pela trilha delineada no *Ramayana*. A causa dessa "coisa que está faltando" é o nosso apego, contra o qual a yoga do desejo procura nos ajudar.

O desejo, na sua forma mais fundamental, reconhece o sentimento de não-completude, que é endêmico da natureza humana. Ele busca libertar-se dessa não-completude de qualquer forma que puder imaginar: física, sensual, emocional, intelectual ou espiritual. Mas, como Sita enfeitiçada pelo gamo dourado, perseguimos um fenômeno o

ABERTO AO DESEJO

qual nunca vamos poder realmente possuir. Não obstante, conforme Sita aprendeu por meio de suas muitas desventuras, o desejo pode ser libertado da tendência de se tornar apego. Quando isso acontece, o sentido de "eu" e de "outro" também se transforma.

São essas as descobertas que Sita faz, mantida prisioneira no bosque *sinsapa* pelo rei-demônio, perguntando-se se seu amante a esqueceu. Primeiro, Hanuman vem até ela, trazendo com ele a promessa de uma ponte que elimine sua separação. Então, chega Rama. Um novo tipo de união se faz possível: aquela em que ela se torna mais do que o objeto do desejo do outro. Onde a própria voz, apesar de separada, obtém resposta. Só então sua unicidade com Rama pode ser devidamente apreciada.

Conforme o *Ramayana* deixa claro, o desejo tem uma visão paradoxal, que pode tanto nos confundir como nos iluminar. Pode fazer com que sintamos a nós mesmos e, ao mesmo tempo, que nos percamos. Podemos ser tão puros como Sita, tão demoníacos como Ravana, tão devotados como Hanuman, ou tão céticos como Freud. Seja qual for nossa instância, não podemos fugir de sua importância em nossas vidas. Talvez seja por isso que Buddha foi tão cuidadoso ao abordar o desejo de forma tão leve em seus ensinamentos, pois o desejo, com sua natureza paradoxal, com sua habilidade de abrir e de manter o espaço entre os amantes, com a maneira como ele une e separa e como ele nos força a reconciliar amor e ódio, sempre se aproxima, na medida em que nos liberamos na nossa vida. Como as deusas com cabeças de animais, as quais guardam a entrada de alguns antigos templos hindus, o desejo reúne, amarra, prende e enlouquece, mesmo apesar de nos mover em direção à bem-aventurança interior.[5] É o desejo, afinal, que nos faz buscar a libertação antes de qualquer outra coisa.

Notas

1. John Stevens, *Lust for enlightenment:* buddhism and sex. Boston & London: Shambhala, 1990, p. 114.

2. William Buck. *Ramayana*, Berkeley & Los Angeles: University of California Press, 1976, p. 175.

3. Aqueles que têm familiaridade com o *Ramayana* saberão que, no final da história, Sita e Rama estão uma vez mais separados. Conforme a história se desenvolve, o povo do reino de Rama começa a espalhar boatos sobre a infidelidade de Sita enquanto era prisioneira em Lanka. Incapaz de suportar a vergonha, Rama a expulsa para a floresta. Muitos estudiosos acreditam que esse capítulo da história foi acrescentado posteriormente por motivos sociais conservadores, e não fiz uso desse final ao recontar a história.

4. S. Freud, Findings, ideas, problems (1841, 1938). In: *S.E.,* p. 300, v. 23 (1964).

5. Richard J. Kohn, *Lord of the dance: the Mani Rimdu Festival in Tibet and Nepal.* Albany: State University of New York Press, 2001, p. 24.

CAPÍTULO 2

O Caminho da Esquerda

Há uma história nos anais do zen que fala da delicadeza incomum com a qual o desejo é tratado na tradição budista. É a história fundamental do zen, a história seminal, a lenda que conta a origem da tradição e o fragmento que contém a essência do todo. Como na maior parte dessas histórias, ao menos na tradição zen, quase nada acontece. Nesse caso, poderíamos dizer que apenas duas coisinhas acontecem. A primeira é que Buddha, durante um sermão num lugar chamado Pico do Abutre, segurou uma flor. Alguns relatos do evento especificam que a flor que ele ergueu para a multidão era um lótus dourado. A maioria dos monges presentes na grande assembleia não entendeu esse sermão. Nada havia sido dito. Só uma flor havia sido mostrada.

Deve ter sido igual à vez em que o compositor John Cage foi convidado para tocar para um público de budistas americanos no recém-fundado Naropa Institute, em Boulder, Colorado. Ele fez algo semelhante: deu um concerto que consistia quase que inteiramente de silêncio, apenas com projeções de desenhos criados de forma aleatória que iluminavam o palco atrás dele. A plateia budista ficou irada, porém, o fundador do instituto, um tibetano, ligou para Cage no dia seguinte para oferecer a ele uma vaga de professor para lecionar na universidade.

Não há registro de que a comunidade do Pico do Abutre tivesse ficado irada, mas dizem que todos na plateia, a não ser um monge veterano, ficaram confusos. Apenas um homem chamado Kasyapa, às vezes conhecido como Mahakasyapa (o *grande* Kasyapa), entendeu. Kasyapa sorriu. Essa foi a segunda coisa que aconteceu, Kasyapa sorriu. Buddha, vendo que ele havia entendido, respondeu (conforme algumas fontes) com as seguintes palavras: "eu possuo o Verdadeiro Olho do Dharma, a Maravilhosa Mente do Nirvana. Eu a dou a Mahakasyapa."[1]

A história é usada, no zen-budismo, para ilustrar o poder da chamada "transmissão mente a mente", a passagem da compreensão de

ABERTO AO DESEJO

Buddha, sem o uso do vocabulário das palavras ou letras, de mestre para mestre numa corrente inquebrável até o presente. De acordo com as explicações usuais, o que Buddha estava dizendo ao mostrar aquela flor é a experiência do "assim é", o fato de que o mundo, e nossas ideias, simplesmente *são*, da mesma maneira que a flor na mão de Buddha simplesmente é. Alguns também observam que, no mundo budista, o lótus é um antigo símbolo da mente iluminada. Assim como ele cresce da podridão do lago sem precisar desenvolver raízes que penetrem a terra, também o nirvana cresce da podridão da mente sem que precisemos cavar até as raízes das nossas neuroses. A iluminação, como o lótus, floresce espontaneamente, se houver condições.

No entanto, é possível que haja ainda um outro significado no gesto de Buddha, não um sentido que contradiga as interpretações acima, mas que é mais direto. Essa interpretação alternativa não é a clássica, e também nunca a ouvi de outra pessoa. Para mim, porém, em termos de pensar as questões do desejo, ela faz muito sentido.

Na mitologia hindu, a flor é um símbolo bem específico. Quando Buddha, anos antes do seu sermão no Pico do Abutre, buscava a própria iluminação, conta-se que um personagem chamado Mara, o Tentador, atacou-o e o testou repetidas vezes com suas flechas de desejo. Entretanto, Buddha, a partir do poder da sua compreensão, transformou a chuva de flechas de Mara numa cascata de flores que caiu de maneira inofensiva sobre ele. As setas do desejo se tornam flores quando confrontadas por um Buddha. A personificação de Eros na Índia, o Cupido hindu, é um deus chamado Kama (que empresta seu nome ao *Kama Sutra*), cujo arco tem uma corda de abelhas zunidoras, e cujas cinco flechas também são feitas de flores, afiadas, conta-se, pelo desejo ardente. As abelhas e as flores dão uma ideia da natureza ambígua do desejo, sua capacidade de provocar e extasiar, frustrar e realizar. O apelido de Kama, Madana, quer dizer o "Intoxicador".[2] E em toda a Ásia, o lótus, particularmente, sempre representou a sexualidade feminina,[3] por conta de sua óbvia seme-lhança com os genitais da mulher. De fato, a própria palavra usada para se dirigir a Buddha, o honroso título em sânscrito *Bhagwan*, deriva da palavra vulva naquela língua.

Assim, a decisão de Buddha mostrar uma flor poderia facilmente ter um sentido não tão secreto. A conotação do desejo passaria de modo inevitável pelas mentes de seus devotos. A maioria claramente não sabia como interpretar o gesto de Buddha. O que poderia querer dizer a respeito de flores, ou do desejo, ou do silêncio? Eles prestaram atenção, conforme foram treinados para agir. Surpreendente é o fato de um dos monges ter respondido de imediato.

O desejo era um tema tão importante no tempo de Buddha como é hoje. Buddha surgiu numa era dominada pela luta entre o materialismo e o asceticismo. As cortes dos príncipes eram muito ricas, assim como a recém-surgida classe dos mercadores, e havia oportunidades em demasia para a satisfação de todos os tipos de prazer. Por outro lado, havia também uma grande tradição de renúncia, em que muitos se retiravam para as florestas, yogues nus, com o corpo coberto de cinza praticando todas as modalidades de austeridades, muitas das quais Buddha praticou ao extremo. Assim, o desejo, por outro lado, era problemático. De maneira semelhante ao que acontece em nosso tempo, parecia haver apenas duas escolhas: render-se ao desejo ou tentar se livrar completamente dele.

Quando Kasyapa sorriu, indicou que tinha entendido algo de grande importância. A flor era o ensinamento. Não havia problema com o desejo. Poderia ser apreendido pelos ensinamentos de Buddha e ser permeado pela tranquilidade da mente deste. O desejo também tinha a natureza de Buddha. E o sorriso, que pode ser relacionado ao desejo, foi a resposta. Os ensinamentos de Buddha são notáveis, pois dão lugar a um sorriso como resposta ao desejo.

O Caminho do Meio

Quando fez seu primeiro sermão, depois de caminhar uma distância considerável do local da sua iluminação até a região da moderna Sarnath, na planície do Ganges, no norte da Índia, Buddha também falou sobre o desejo. O ensinamento que ele então proferiu é conhecido pelo seu nome em sânscrito, que significa "Colocar em Movimento a Roda do *Dharma*". A palavra *Dharma*, a qual tem sido traduzida no Ocidente, a partir do inglês, como "a verdade", "o caminho" ou "a lei", é virtualmente intraduzível. Não obstante, é no Dharma que está contido todo o ensinamento psicológico e espiritual de Buddha. A raiz da palavra *dher* significa segurar firmemente, apreender ou apoiar. Essa raiz pode ser encontrada em palavras de línguas indo-europeias como "trono", do grego *dhrono* ou *thronos*, e nas palavras latinas derivadas de "firme", "firmamento" e "enfermaria". A roda do Dharma sustenta algo, como o firmamento sustenta as estrelas, como o trono sustenta um rei, como

ABERTO AO DESEJO

a enfermaria sustenta pessoas que estão sofrendo e como um vaso girando numa roda de oleiro sustenta, ou possibilita, o vazio. A roda do Dharma, que Buddha indicou enquanto falava, sustenta o desejo.

Ao colocar a roda em movimento, Buddha fez a primeira exposição sobre o Caminho do Meio. Ele liberou uma nova visão e esperou, por meio do poder de suas palavras, colocar esse *chakra*, ou roda, em movimento nas mentes daqueles que ouviram seu ensinamento. Foi um novo começo e envolvia uma nova yoga, uma nova maneira de sustentar o desejo.

Bhikkhus, há dois extremos que não devem ser cultivados por aquele que se adiantou. Quais são esses dois? A devoção à busca do prazer nos desejos sensuais, que é baixo, rude, vulgar, ignóbil e prejudicial; e a devoção à automortificação, que é dolorosa, ignóbil e prejudicial. O Caminho do Meio, descoberto pelo Perfeito, evita esses dois extremos; confere visão, confere conhecimento, e conduz à paz, ao conhecimento direto, à iluminação, ao Nirvana.[4]

Ao estabelecer um Caminho do Meio entre os dois extremos da satisfação sensorial e da renúncia, Buddha deixou muito espaço para uma exploração do desejo. Seus ensinamentos sobre o tema podem ser divididos, grosso modo, em duas categorias: o Caminho da Direita, da renúncia e do monasticismo, no qual os desejos sensuais são evitados, e o Caminho da Esquerda, da paixão e do relacionamento, no qual os desejos sensuais não são evitados, mas sim transformados em objeto de meditação. Este último caminho é tradicionalmente mantido secreto e escondido. Julga-se que seus fundamentos sejam abertos demais, o que pode levar à má interpretação e à confusão ao ser abordado diretamente, e precisaria que fosse desenvolvida uma linguagem secreta, como a da flor e a do sorriso, para poder comunicar suas percepções intuitivas. Apesar da exortação anterior encorajando seus discípulos a seguir seus passos e renunciar a vida doméstica, conforme os ensinamentos de Buddha se difundiam e fincavam raiz, sua relevância, até mesmo para a vida diária de paixão e relacionamento, começou a ser revelada. Nesse contexto, o Sermão da Flor, compreendido por Kasyapa, se sobressai.

Naquele primeiro sermão, colocando a roda do Dharma em movimento, Buddha expôs sua formulação das Quatro Nobres Verdades, a psicologia central daquilo que veio a ser conhecido como budismo e o ensinamento central tanto da abordagem de Esquerda como de

Direita. Como vimos, sua Primeira Nobre Verdade é que toda vida é permeada com um sentido de insatisfação persistente por conta da natureza transitória e não substancial de todas as coisas. Sua Segunda Nobre Verdade é que a causa desse descontentamento é o apego, a "sede" ou o desejo ardente. Sua Terceira Nobre Verdade proclama a possibilidade de uma solução para o problema, e sua Quarta Nobre Verdade explica o Caminho Óctuplo de treinamento mental, ético e relacional que pode realizar isso: o famoso Caminho do Meio. O papel central do desejo nessa formulação é claro, mas, conforme já mencionei, quase sempre mal interpretado.

O que Buddha *realmente* sugeriu é que o ato de *evitar* a ilusão do objeto do desejo é que é a origem do sofrimento. O problema não é o desejo: é o apego, ou desejo apaixonado, um resultado particular do qual não há resíduo, no qual o objeto está completamente sob nosso poder. Conforme meu professor de budismo, Joseph Goldstein, sempre deixa claro, o objeto do desejo, aquilo que queremos muito, causa sofrimento, mas se o transformarmos em objeto de atenção de nossos préstimos ele pode nos levar ao despertar. O truque, no que diz respeito ao budismo, é aceitar o fato de que nenhuma experiência pode ser tão completa como gostaríamos que ela fosse, que nenhum objeto nos satisfará de forma completa. No Caminho da Direita, os seguidores de Buddha recusaram a busca do prazer sensorial, mas no Caminho da Esquerda, eles se permitiram ficar frente a frente com o hiato que o desejo provoca, bem como com qualquer prazer que ele possa proporcionar.

Ao nos permitirmos cair no abismo do desejo, recebemos a chave para melhor aproveitar seus frutos. Ao experimentar o desejo em sua totalidade – ao mesmo tempo gratificante e frustrante, doce e amargo, prazeroso e doloroso, bem-sucedido, porém, breve – podemos usá-lo para despertar nossas mentes. As dualidades que parecem fazer parte do desejo podem ser resolvidas por meio da vontade de se jogar no abismo entre essas dualidades. Mesmo vivendo no mundo dos sentidos podemos nos libertar. Para mim, essa é a mensagem secreta da conversa não-verbal entre Buddha e Kasyapa.

Desejo erótico

Na minha experiência, percebo que fui levado à meditação por meio de certo tipo de desejo erótico. O sensual e o espiritual estavam misturados um com o outro desde o começo, portanto era, talvez, natural que eu me inclinasse aos ensinamentos da Esquerda. Na época, eles estavam me deixando perplexo. Eu não sabia, de fato, o que estava procurando, ou por que eu estava procurando, nem mesmo que força me levava a buscar, mas eu me via, quando tinha vinte e poucos anos, circulando em torno de tipos particulares de informações relacionadas com práticas espirituais orientais, da mesma forma que eu ia dançar tentando encontrar uma mulher cuja energia combinasse com a minha. Acho que tenho de admitir que a meditação tinha o próprio apelo sexual: era estrangeira, sedutora, misteriosa e prometia a liberação, acenando de longe. Buscando alguém ou alguma coisa em que eu pudesse colocar meu coração, eu procurava, na época crítica do começo da minha vida adulta, uma ligação que me faria sentir mais vivo. A busca espiritual e a sexual estavam ligadas uma à outra. Provavelmente é por esse motivo que a divisão entre as duas nunca me pareceu correta.

Em muitos dos momentos críticos, senti-me confiante de que estava no caminho espiritual correto, pois estavam permeados por uma energia erótica que tanto me excitava como me atraía, ao mesmo tempo em que me deixava um tanto apreensivo. Lembro-me do meu primeiro *kirtan*, um canto devocional de chamada e resposta, popular na Índia, que devotos ocidentais trouxeram à América, e de ser tomado pela beleza doce e triste da música e pela radiante atração dos músicos no palco. Jovens americanos recém-chegados da Índia, os músicos vestiam brilhantes roupas asiáticas, o que os fez parecer, ao meu impressionado olhar, visitantes de algum reino celestial que achei que existisse apenas na imaginação. Sua música capturava o profundo desejo pungente do coração humano por conta da certeza diante da grande efemeridade do mundo material, ao mesmo tempo em que me deu a chance de trocar olhares com uma beldade do outro lado da sala, que eu visitei depois no Meher Baba local e para quem me vi sem ter nada a dizer. Esse desapontamento, porém, não fez nada para diminuir o impacto daquela primeira abertura. A música tocou alguma coisa em mim que foi muito fundo, um forte desejo que tinha qualidades tanto eróticas como espirituais, as quais pareciam extremamente pessoais e ao mesmo tempo completamente novas e estranhas. Apesar de as divindades hindus para quem o canto era dedicado – Shiva, Ganesh, Krishna, Hanuman, Sita e Rama – serem desconhecidas para mim na época, a força liberada na súplica comunal era irresistível.

O CAMINHO DA ESQUERDA

Havia algo no meu flerte inicial com a espiritualidade oriental que despertou em mim o poder do desejo profundo. As flechas florais de Kama voaram rapidamente para mim. Senti-me convidado a tocar o desejo, ou ao menos olhá-lo de perto, até mesmo quando buscava o que se pode chamar de alturas espirituais mais elevadas. Fiquei perplexo com isso, uma vez que muitos dos meus ensinamentos espirituais mais formais – tirados da abordagem de Direita – prometiam que a meditação era o antídoto para a paixão, não um catalisador, mas a verdade era poderosa demais para ignorar.

Meditação e yoga, como a maior parte das práticas religiosas em todo o mundo, são construídas sobre a renúncia e veem a satisfação sensorial como amarra à roda do sofrimento. Muitos dos votos dos monges budistas, os *bhikkhus*, precisam ser adotados para protegê-los da tentação, para impedir que o desejo obscureça a clara percepção das coisas. De acordo com certos ensinamentos da psicologia budista, um dos caminhos para a verdadeira felicidade é aprender como remover os filtros de idealização que cria imagens mentais distorcidas dos nossos objetos de afeição. Essas distorções quase sempre levam a desapontamentos, pois a realidade nunca corresponde à idealização.

O budismo tem sido, até sua penetração no Ocidente, basicamente uma disciplina monástica e, como todas as religiões da Índia, coloca grande ênfase na importância da renúncia e do ascetismo.

O poema budista clássico, o *Dhammapada*, tem versos sobre o desejo que falam de sua natureza perigosa, versos que um monge, ou *bhikkhu*, deveria saber de cor.

O desejo é como uma trepadeira:
Estrangula o tolo.
Ele salta, como um macaco, de um nascimento a outro,
Em busca de frutos...

Trinta e seis riachos de sentido fluem no homem
Que busca prazer.
Eles procuram paixão,
Suas ondas o irão lavar.

Enlouquecidos pelo desejo,
Os homens fogem como lebres perseguidas.
Oh, bhikkhu, *a liberdade só vem*

ABERTO AO DESEJO

Pela conquista do desejo.
Veja aquele homem!
Tendo conquistado a floresta do desejo,
Corre para a floresta dos novos desejos;
Liberto da floresta do desejo,
Ele corre até a floresta dos novos desejos
– Tudo em vão, pois ele corre para as amarras...

As ervas daninhas são o veneno dos campos
E o desejo o veneno do homem.
Honre o homem sem desejo
E receba grandes recompensas.[5]

Mas apesar de essa ser a face do budismo apresentada ao público e a mais adequada para a existência monástica, minha experiência sugere algo mais complexo. Enquanto eu praticava meditação com renovado vigor, indo acima das cortinas empoeiradas dos pensamentos cotidianos e alcançando a urgência da minha presença física no mundo, meu desejo ficava cada vez mais aparente, em vez de desaparecer. Embora muitas pessoas que praticavam meditação afirmassem que o exercício as deixavam mais relaxadas, eu fiz uma descoberta um tanto diferente. Consciente de que estava ansioso, tropecei numa estranha percepção: o oposto da ansiedade não é a calma, mas o desejo.

Ansiedade e desejo são duas orientações, quase sempre conflitantes, com relação ao desconhecido. Ambas estão direcionadas ao futuro. O desejo implica vontade, ou necessidade, de encontrar o desconhecido, enquanto a ansiedade sugere um medo dele. O desejo tira a pessoa de si mesma e a coloca frente à possibilidade de relacionamento, mas também a remete para o mais fundo de si mesma. A ansiedade faz o indivíduo voltar para dentro de si, mas apenas até o "eu" já conhecido. Não há nada de misterioso no estado ansioso, que deixa a pessoa balançando num isolamento familiar e desprotegido. Dificilmente o desejo está dissociado da ansiedade: parecemos estar programados para sentir apreensão sobre aquilo que não podemos controlar. Assim, os dois não são, de fato, opostos. Mas o desejo nos dá um bom motivo para tolerar a ansiedade e um desejo de superá-la.

A meditação não me aliviou tanto da minha ansiedade. Pelo contrário, a fez emergir. Ela pegou minha resposta ansiosa ao mundo, da qual eu sentia muita vergonha e confusão, e me permitiu entendê-la mais completamente. Talvez a melhor maneira de colocar isso é dizendo que a meditação me mostrou que o outro lado da ansiedade é o desejo. Eles estão relacionados e não são independentes.

Alimente todo mundo

Apesar de perturbador, eu não fiquei tão confuso como poderia ter ficado. Fui ajudado, creio, por duas circunstâncias afortunadas. A primeira envolvia relacionamentos inesperados e desenvolvidos com diversos dos primeiros ocidentais a trazer o budismo para os Estados Unidos. Eles compartilharam os próprios esforços pessoais e me ajudaram a me sentir menos estranho sobre as caóticas intimidades da minha mente que foram expostas nos primeiros anos da minha prática. Esses amigos e professores me alertaram a respeito de um tema que permeia, embora às vezes esteja parcialmente oculto, a espiritualidade oriental, na qual o sensual não é colocado como inimigo, mas relacionado ao sagrado. Nas minhas primeiras imersões no pensamento indiano, descobri traços de uma cultura que não separava as duas coisas. Antes mesmo de viajar para lá pela primeira vez, fui despertado para o potencial de transformação desse universo alternativo por meio de interações com um dos meus primeiros professores espirituais, um professor judeu de psicologia que se tornou guru hindu chamado Ram Dass. Numa trajetória que, da minha maneira, eu repeti, Ram Dass (nascido Richard Alpert) deixou o departamento de psicologia de Harvard e viajou até a Índia em busca de professores de sabedoria espiritual. Nunca o considerei um professor de psicologia – ele havia sido forçado a sair antes de eu chegar a Harvard – mas, como pegadas na neve, seu legado ainda podia ser visto. Quando o encontrei pela primeira vez, pouco depois de ter completado 21 anos, uma de suas histórias favoritas era sobre uma conversa com seu guru indiano que começara com uma pergunta simples e antiga: "como posso conhecer Deus?"

Havia uma qualidade triste na história, pois outras vezes, quando falava de seu guru, Ram Dass parecia estar convencido de que seu professor *era* Deus. Posso imaginá-lo, porém, perguntando a Deus como ele poderia conhecer Deus. Ao que parece, o ego nunca tem certeza suficiente.

ABERTO AO DESEJO

De qualquer forma, a resposta que Ram Dass recebeu foi interessante: "Alimente todos", respondeu seu guru, Neem Karoli Baba, sem hesitar.

Como uma pessoa cuja família se orgulha de suas porções parcimoniosas ao jantar e da ausência de sobremesa, fiquei intrigado com a ideia da importância do alimento. O caminho espiritual não exigia abstinência? O que comer tinha a ver com sabedoria? Que tipo de yoga era essa de alimentar as pessoas? Por que Ram Dass sempre repetia essa história? Será que ele não sabia que a meditação era o verdadeiro caminho do conhecimento? Pensamentos como esses sempre me ocorriam quando ouvia essa história. Achei que seu sentido era metafórico, até que visitei o templo desse mestre e vi eu mesmo.

Alguns anos depois de ter ouvido pela primeira vez Ram Dass contar esse caso, viajei para a Índia para a inauguração de um *murti*, ou monumento, em Vrindavan, dedicado à memória do seu guru. Vrindavan é tido como o local de nascimento de Krishna, uma cidade santa no norte da Índia, cujo terreno é venerado como o corpo do deus de pele azul. O templo de Neem Karoli Baba era um entre centenas na cidade, mas fiel aos seus ensinamentos, sua dedicação foi oportunidade para uma festa enorme. Grandes panelas de comida foram preparadas pelos devotos indianos, infindáveis bandejas de *chapatis* enfileiradas na varanda do templo. Seguidores de longa data do Maharaj-ji (o nome mais familiar do guru) tiveram a honra de servir o almoço à multidão. As pessoas chegavam de todas as partes da cidade e do campo e esperavam pacientemente para receber suas porções, as filas coleando a perder de vista, através e além do pátio do templo. Um ar de celebração silenciosa, de saciedade pacífica, dominava o ambiente. Havia o bastante para todos, até mesmo para os cães.

Em meio à multidão, a cena me lembrava a do filme de Satyajit Ray, *Distant thunder* (Trovão distante), no qual se vê grandes massas de aldeões indianos movendo-se majestosamente sobre a ressecada terra vermelha, fugindo da seca e da fome. Mas no templo de Maharaj-ji, as pessoas não estavam fugindo, estavam se unindo. E sendo alimentadas.

É interessante que Krishna, em cuja cidade natal Maharaj-ji morou, é o deus da comilança sem culpa. Desde a época de sua infância, ele era afetuosamente chamado de ladrão de manteiga – "manteiga" era o leite coalhado que ele tanto gostava. As pessoas costumavam se esconder para ver a pequena criança de pele azul assaltar o jarro de manteiga, tão grande era o prazer que esse sabor nele provocava. Seu desejo era tão puro, e seu deleite tão completo, que observá-lo comendo trazia êxtase para quem o visse. Não havia resíduo no prazer de Krishna, nenhuma insatisfação resultante, nem culpa ou vergonha. Seu desejo não era apenas um lembrete das bênçãos de Deus, *eram* as próprias bênçãos.

Às vezes, parecia que Krishna comia qualquer coisa. Sua mãe pegou-o no colo, tirando-o do chão, quando o viu, horrorizada, comendo a sujeira da aldeia. Ela abriu sua boca para ver o que havia lá dentro e se pegou observando uma montanha, em lugar de sua úvula, e um lago na sua amídala direita. Todo o universo, do qual ela mesma era parte, girava dentro da boca do deus bebê. O Senhor era, de fato, um. Ele deu sentido à frase "Nós somos o mundo". Krishna tinha a capacidade de encarar o desejo de cabeça erguida e de satisfazê-lo completamente. Ao alimentar-se, ele conseguia fazer com que todos se sentissem melhor.

A resposta de Maharaj-ji a Ram Dass, "Alimente todo mundo", me fez pensar sobre a relação entre o desejo e o divino. O que ele estava tentando mostrar a Ram Dass? Certamente, a santidade do ato de doar, de alimentar o faminto, de servir a Deus pelo serviço às Suas criaturas é uma mensagem comum a todas as religiões do mundo. Mas não posso deixar de pensar que Maharaj-ji estava indicando algo ainda mais específico, algo guardado na antiga história do bebê Krishna. Podemos conhecer Deus *no ato* de alimentar todo mundo, enquanto nos alimentamos. Entrar em contato com o desejo, encontrar e satisfazer o desejo do outro nos permite conhecer Deus. Até mesmo um desejo simples como a fome, o fundamento das nossas necessidades básicas, é uma janela para a vastidão do universo, como a mãe de Krishna descobriu ao abrir sua boquinha manchada de sujeira.

Outro evento que testemunhei na Índia, o único comparável à festa no templo de Maharaj-ji, foi quando Dalai Lama foi a Bodh Gaya, o lugar onde Buddha se iluminara 2.500 anos antes. De manhã bem cedo, antes do seu primeiro ensinamento do dia, Dalai Lama deu dinheiro a todos que estavam lá. De alguma forma, a notícia se espalhou, porque fui acordado antes do amanhecer pelas nuvens de poeira levantadas pelos pés da multidão que descia até sua tenda. Esse evento não era um exercício abstrato de generosidade ou bondade amorosa, tampouco um ensinamento sobre sabedoria: era, antes, doação de esmolas em escala gigantesca. O Bodhisattva da Compaixão, de quem Dalai Lama é a encarnação, estava, literalmente, distribuindo rúpias, e a resposta da população local foi assombrosa.

Essas duas celebrações tiveram o efeito de desafiar meus preconceitos sobre a vida espiritual. Fora mais fácil, para mim, compreender o caminho da renúncia do que o da generosidade; o Caminho da Direita, do que o da Esquerda. Uma das coisas que deixou a visão ascética mais palatável para mim foi a tendência, prevalecente em nossa cultura, de ver a felicidade sob o prisma do puritanismo. Nessa forma de pensar, a felicidade espiritual fica separada da felicidade física, e a única abordagem possível ao prazer sensual é a complacência, que é antiespiritual, ou a supressão. Sob essa perspectiva, não há reverência ao potencial de iluminação de Eros. Ela é reduzida, na melhor das hipóteses, a um dos degraus mais baixos da escada que leva, pela renúncia ou sublimação, ao Céu.

Experiências como essa me abriram para a possibilidade de que minha recuperação – ou descoberta – do desejo não era uma anomalia completa. Conforme Dalai Lama descreveu, "nas tradições budistas dos primeiros tempos, o desejo era visto como um veneno a ser evitado. A visão mahayana posterior colocou que não se deve evitar o veneno, mas dar-lhe o antídoto na forma do remédio apropriado. No *Tantra*, o desejo é visto como uma energia potente a ser usada no caminho da iluminação, assim como fazem os pavões na floresta, que se alimentam de plantas venenosas e as transformam simbolicamente na plumagem radiante das penas das suas caudas."[6]

No entanto, o ensinamento mais intenso veio alguns anos depois, logo após começar o relacionamento amoroso mais importante da minha vida adulta, quando minha futura esposa e eu começamos a girar a roda do nosso *Dharma*. O momento chegou a mim sem que eu esperasse. Eu não estava à procura de alguma lição importante. Queria simplesmente descansar e relaxar.

Êxtase

Alguns meses depois que eu e minha esposa nos apaixonamos, há mais ou menos vinte anos, fomos passar uma semana de férias numa praia da Jamaica. Embora não fosse uma lua-de-mel, foi o primeiro período mais longo e ininterrupto que passamos juntos, desde que nos conhecêramos. Eu já tinha estado na Jamaica uma vez, oito ou nove anos antes, quando a praia de Negril tinha acabado de ser descoberta. Assim, eu tinha uma ideia de que tipo de acomodação seria possível conseguir para nós. Apesar de, na minha primeira visita, eu ter dormido num abrigo no quintal da casa de alguém, sabia que uma indústria turística um bocado desenvolvida havia florescido nesses anos. Não achei que seria difícil conseguir um lugar para ficar que fizesse justiça ao meu desejo.

No entanto, nossa viagem começou com uma dificuldade inesperada. No meu zelo para providenciar as coisas de maneira perfeita, fiz reservas nos Estados Unidos por intermédio de uma agência de viagens especializada em turismo na Jamaica. Confiei no agente de viagens e, na verdade, verifiquei com um amigo que tinha estado recentemente na Jamaica que o local recomendado era bom.

"Você ficará bem", disse ele, e, de imediato, visualizei a praia.

Tendo feito um depósito considerável, fiquei horrorizado quando chegamos ao que parecia ser nada menos que uma garagem sem janelas em meio a uma área empoeirada e habitada por cães que não paravam de latir. Não podia imaginar um cenário pior. Minha esposa fez o melhor que podia para melhorar a situação. Ela me levou até o quarto e disse que era simpático. Mas eu estava perplexo. Não era o que eu havia imaginado! Embora tivéssemos viajado a maior parte do dia, e o sol já estivesse se pondo no céu de junho, insisti para pegar nossa bagagem e sair naquele instante. Não estávamos de carro, pois tínhamos chegado de táxi, e não tínhamos escolha se quiséssemos procurar um ambiente mais acolhedor, a não ser ir caminhando pela praia.

Por sorte, depois de andarmos um pouco, encontramos um lugar confortável chamado Charrella Inn, onde, com um alívio enorme, ficamos. A pousada tinha vista para a praia, e nosso quarto, localizado em cima da sala de jantar, tinha amplas janelas cortinadas que davam para a água e para o céu. Apesar de ser junho, e, portanto, muito quente, tudo estava bem. Nos dias que se seguiram, comemos abacaxi, exploramos os restaurantes locais, relaxamos na praia e nos abraçamos nas águas turquesas, transformando o resto do mundo num pano de fundo, enquanto nos revelávamos na presença um do outro. Eu nunca estivera tão feliz.

Havia apenas uma coisa me incomodando. Em Cambridge, uns seis meses antes, um amigo havia me dado duas cápsulas de uma nova substância que as pessoas diziam ser a droga do amor. "Abre seu coração", eu ouvira de mais de uma fonte. Eu tinha ido a uma festa onde quase todo mundo tomou a pílula, enquanto eu fiquei apenas observando. E, depois do efeito, todos comentavam como ela os tinha feito se sentir. Fiquei intrigado com o que ouvi e agradecido por meu amigo ter me dado uma amostra para experimentar com minha namorada, mas eu queria esperar pelo momento perfeito. Eu as tinha mantido na minha carteira, desde então, esperando pelo momento ideal.

ABERTO AO DESEJO

Agora que estávamos na Jamaica, numa pousada bacana, as cápsulas estavam queimando na carteira. Essa era a oportunidade pela qual eu estivera esperando. Nos primeiros dias, enquanto nos banhávamos nas águas tropicais, jantávamos no Bar-B-Barn local e incorporávamos os ritmos da ilha, a possibilidade de me sentir *ainda mais próximo* da minha namorada me tentou. Minha esposa concordou em satisfazer meu desejo de explorar os efeitos da droga e confiou na fé que eu tinha na substância. Sua atitude com relação a isso foi semelhante à atitude que tivera quando chegamos ao hotel sujo e empoeirado em Negril. Ela estava querendo experimentar. Depois de uns três dias, decidimos ver o que poderia acontecer.

Lembro-me de como estava entusiasmado para me abrir aos efeitos da droga. Foi de manhã cedo, e o sol entrava pelas janelas. O quarto era branco; o ar tinha cheiro de mar. Deitamo-nos na cama enorme e esperamos pelo que aconteceria. Beijamo-nos por algum tempo, e eu fui tomado por um sentimento de gratidão por estar apaixonado. Ao longe, ouvi os sons de pratos, conforme a mesa do café-da-manhã era retirada. Logo fiquei muito consciente de que meu coração batia forte. O Sol estava mais alto no céu, e meu corpo transpirava profusamente. Meu estômago ficou apertado e me senti um tanto enjoado, com um gosto metálico na boca. Minha esposa, embora não tão sintomática, também estava tomada de sensações físicas. Tudo estava pulsando. Ela me empurrou para longe dela. Nenhum de nós dois conseguia manter o contato físico que tínhamos iniciado. Minha pele parecia uma lixa. O menor toque arranhava e reverberava profundamente na minha náusea. Meu desejo por proximidade persistia, mas estava imobilizado pela impossibilidade de suportar que qualquer coisa tocasse minha pele. Era como se eu fosse um contador Geiger, sentindo até mesmo as menores emissões de radiação. Era um dia quente, e eu ouvia o inconfundível zumbido dos mosquitos. Tenho uma tremenda aversão a mosquitos, mas não podia fazer nada para me proteger deles. A atmosfera do quarto parecia opressora. Estávamos imobilizados na cama, incapazes de nos tocarmos, todo nosso esforço concentrado no simples ato de respirar. Rastejei diversas vezes até o banheiro para vomitar e não melhorava.

Minha esposa foi capaz de manter seu senso de humor, mas eu fiquei arrependido. "Nunca mais me ouça", implorei a ela, pronto a esquecer qualquer resquício de autoridade espiritual que minhas excursões à Índia podiam me garantir. "Não sei nada", insisti repetidas vezes, enquanto o Sol cruzava os céus jamaicanos. Senti-me tolo. Conforme o pôr-do-sol se aproximava, descemos para tomar um chá ou uma sopa. O dia tinha evaporado. Eu desperdiçara o precioso tempo que tínhamos para passar juntos.

As circunstâncias do dia me fizeram questionar a mim mesmo. Eu já estava apaixonado, mas quis *mais*. No entanto, minha busca por mais tinha me dado menos. Conforme o ditado, o tiro saiu pela culatra. Ao tentar forjar uma união perfeita, estraguei uma união que já era perfeita. Apesar de não ter encontrado o que estava procurando, tive uma grande revelação naquele dia na Jamaica. Descobri que se eu escolhera seguir o caminho do desejo, não devia me apressar. Eu teria de conhecer o espaço entre nós de forma tão íntima quanto tudo é mais.

O senhor dos obstáculos

Esse evento foi e voltou na minha mente durante os últimos vinte e poucos anos. Ele cristalizava algo sobre o amor e o desejo que ainda reluto em aceitar. Até aquele momento, eu pensava que o amor estava indo em direção à união. Não podia haver nada mais elevado que a fusão do amante e do amado. Nunca questionei a verdade dessa conclusão e sempre fui orientado, de um jeito ou outro, a acessar, sempre que possível e da forma que fosse, esse estado ideal de interconexão ou unidade. Em várias épocas da minha vida, tive experiências que enfatizaram essa noção básica. Agora que eu estava engajado num caso de amor profundo, uma fusão mais sustentável parecia possível, a qual podia ser impulsionada tanto pelo desejo sexual *quanto* pelo amor.

Mas as falácias daquilo que eu assumira como verdade tornaram-se, de repente, tão vívidas e inevitáveis como o zumbido dos mosquitos. Nas repetições do "não sei nada" que fluíram de mim na esteira daquela experiência, eu estava admitindo algo muito difícil. Havia uma falha na minha compreensão de união. De alguma forma, no desejo de me fundir à minha amada, eu procurava me livrar de mim mesmo. Não me contentava em pegar as coisas do jeito que elas vinham no nosso relacionamento, queria me atirar tão completamente nele que ficaria totalmente fora dele. A droga, por algum motivo, não me acomodou. Ela me jogou de volta a mim mesmo com tanta força que eu fiquei cambaleante com a dor que senti. Fez-me apreciar a união muito mais tênue e que não parava de se alterar que, às vezes, emergia entre nós. Esse foi um lugar, um estado ou um campo de energia onde ninguém desapareceu, mas em que nós fomos transfor-

ABERTO AO DESEJO

mados, um local de "cocriação e reconhecimento mútuo", conforme a analista Jessica Benjamin o descreveu.[7] O que mais eu queria?

Meu interesse em drogas recreativas acabou depois daquele dia e, apesar de não ser verdade que meu desejo de me fundir de forma completa tivesse desaparecido, minha crença inquestionável na unicidade como algum tipo de perfeição absolutamente alcançável recebeu um golpe severo. Em vez disso, comecei a imaginar um cenário alternativo, no qual a separação e a união não são opostos inevitáveis, mas dois aspectos intrínsecos do amor, parte do constante encher e esvaziar, como a maré do mar jamaicano que nos envolvia e descrevia nossa intimidade. O que vim a compreender era que na intensidade do meu amor, eu fui capaz de experimentar algo da verdade dos ensinamentos de Buddha sobre o vazio último do eu. Conforme os eruditos afirmaram pelas eras, é mais fácil, quando estamos apaixonados, afrouxar as amarras do eu. Conforme já observei, até mesmo no Budismo Tibetano, a analogia que é sempre usada para descrever a verdade do "não-eu" é o orgasmo. O eu cai sem esforço sob a magia do amor. No entanto, eu ainda não era capaz de levar essa percepção de volta para casa comigo. Ao esperar que a "união" com minha amante me desse o sabor dessa experiência, eu estava me apegando desnecessariamente a uma única manifestação dessa verdade. Eu precisava encontrá-la dentro de mim e também dentro dela. O êxtase podia ser algo que também vinha de dentro.

No mundo da mitologia indiana, havia um deus que representava esse tipo de lição. De fato, há um deus para quase tudo. Essa é uma das revelações da Índia, a forma como o sagrado está tão completamente imbuído da vida cotidiana. O deus a que me refiro é um dos mais amados de todos, Ganesh, o deus com cabeça de elefante. Ganesh é popularmente conhecido como aquele que remove obstáculos. Ele é conciliador no começo das coisas: ao iniciar um novo projeto, um período de devoção, uma peregrinação ou jornada. Até mesmo nos casamentos, no começo da vida conjugal. Ele estava observando quando Buddha girou a roda do *Dharma* e riu quando minha esposa e eu lutamos para colocar nosso relacionamento na trilha certa. Ele é o porteiro que guarda o limiar do espaço e do tempo.[8]

Mas mesmo com essa capacidade, as coisas não são como achamos que são. Existe aquilo que poderíamos chamar de ensinamentos "elevados". Como o desejo, Ganesh não é simples. Ele não é, na verdade, o "removedor" de obstáculos; ele é mais bem caracterizado como o "senhor" dos obstáculos. Ele não tira apenas os empecilhos do caminho, mas os cria. Tão fixo como o desejo, Ganesh é o guardião do limiar entre o velho e o novo. No entanto, também ocupa a fronteira entre o amante e o amado. Estabelece-se no espaço limiar, no vazio que existe entre eles. Sua forma não é inteiramente animal, nem exatamente humana. Nem humana, nem divina.[9] Ele é como nós quando estamos apaixonados. Não temos certeza do que ele é, mas estamos felizes porque ele está lá.

Como o próprio desejo, Ganesh é um apanhado de contradições. É uma presença corpulenta, parruda, quase sempre retratada dançando, equilibrando-se em um só membro. Ele é enorme, mas cavalga sobre um camundongo. Traz um rabanete numa mão e um prato de bombons na outra, mas também um aguilhão, uma machadinha e um laço. Embora tenha cabeça de elefante, é um dos deuses mais literatos, tendo transcrito todo o *Mahabharata*, um dos mais antigos e belos poemas líricos do mundo, o equivalente indiano da *Ilíada*.

Ganesh é, até hoje, reverenciado de forma particular. De vez em quando, surgem relatos de áreas remotas da Índia de que alguma estátua sua está bebendo o leite deixado como oferenda para o deus. Em instituições augustas como a Sotheby's ou a Christie's, grandes casas de leilão de arte clássica asiática de Nova York, as estátuas de Ganesh são sempre adornadas com oferendas anônimas de dinheiro e flores, lá colocadas de forma discreta por patronos passantes. Numa recente visita à Christie's, um guarda me alertou sobre o poder de um Ganesh do século XII, em cujo colo uma grande fortuna parecia estar sendo acumulada. "Não deixe de fazer um pedido", sussurrou-me o guarda. As oferendas espalhadas diante da estátua me lembraram das pimentas que cercavam o lacrimoso Nasruddin, em seu mercado do Oriente Médio. Dinheiro, chocolates e pétalas de flores, em lugar de pimentas, se espalhavam ante mim. O desejo parece produzir essas demonstrações. No caso de Nasruddin, o sabor da demonstração era ardido e quente, e nessa situação o gosto era, com certeza, doce. Não obstante, o pensamento dos dois juntos me fez consciente, mais uma vez, do poder que o desejo tem de criar esses sentimentos contraditórios em nós.

O desejo nos ensina não apenas por meio da sua satisfação, mas por estar sempre sabotando a si mesmo, ao nunca ser completamente satisfeito. Esfrega nossa cara na realidade ao falhar, faltando apenas alguns passos do seu objetivo. Esse é o programa secreto do desejo, alertar-nos sobre o vazio entre nossas expectativas e a maneira como as coisas realmente são. Ao fazer isso, mostra-nos que há algo mais interessante que o sucesso ou o fracasso, mais incitante do que se tivesse controle completo. Conforme descobri

ABERTO AO DESEJO

naquela praia jamaicana, achei que estava controlando as coisas, mas eu não estava. Tinha que aprender uma lição pela qual não esperava. Quase podia ver Ganesh, o Senhor dos Obstáculos, equilibrando-se de um jeito precário sobre um camundongo, balançando de um lado ao outro, revirando os olhos para mim.

"O amor é mais complicado do que você pensa", ele queria que eu entendesse antes de meu casamento começar. Para libertar o desejo da sua tendência de se tornar apego, temos de querer tropeçar em nós mesmos.

Nossa tendência, sob o encantamento do querer, é tentar tomar posse daquilo que desejamos, tentar *arrumá-lo*. Queremos preservar aquilo que desejamos, congelá-lo ou aprisioná-lo, do mesmo jeito que os produtos químicos fotográficos fixam uma imagem que foi revelada. E queremos melhorá-lo, acabar com o problema da ilusão, fazer com que o desejo tenda menos a nos desapontar. Queremos arrumar essa qualidade fugitiva que sempre nos faz perseguir o desejo.

Mas o desejo não revela seus mistérios de maneira tão fácil. Há algo mais guardado para nós. Onde não é possível possuir, o amor pode crescer. Ganesh, o porteiro, guarda a entrada do coração humano.

Notas

1. Heinrich Dumoulin, *Zen Buddhism:* a history: India and China. New York: Macmillan Publishing Company, 1998, p. 8-9.

2. Diana Eck, *Banaras:* city of light. New York: Alfred A. Knopf, 1982, p. 306.

3. June Campbell, *Traveller in space:* gender identity and Tibetan Buddhism. New York & London: Continuum, 1996/2002, p. 56.

4. Bhikku Nanamoli, *The life of the Buddha according to the Pali Canon*. Kandy, Sri Lanka: Buddhist Publication Society, 1972-1992, p. 42.

5. De um capítulo intitulado "Craving", no *Dhammapada,* traduzido por P. Lal. New York: Farrar, Strauss & Giroux, 1967, p. 156-162.

6. Ian A. Baker, *The Dalai Lama's secret temple.* tantric wall paintings from Tibet. New York: Thames and Hudson, 2000, p. 51.

7. Jessica Benjamin, *Like subjects, love objects:* essays on recognition and sexual difference. New Haven & London: Yale University Press, 1995, p. 184.

8. D. Eck, op.cit., p. 78.

9. Ibid., p. 184.

Capítulo 3

Descontentamento

Conforme Ganesh deixa claro, para algo aparentemente tão direto, o desejo é incrivelmente complicado. Na sua incansável busca por paixão e prazer, no seu eterno esforço para frente, o desejo nos leva a territórios desconhecidos, desconsiderando nossa necessidade de estabilidade, segurança e certeza. Ao mesmo tempo, ele busca exatamente essas qualidades de estabilidade, segurança e certeza que simultaneamente mina. Como o *koan* – uma pergunta cuja resposta não pode ser alcançada com a mente racional – de um mestre zen, o desejo nos força até o lugar onde nossos modos usuais de nos relacionarmos são abalados, onde o sucesso só é encontrado quando, como Nasruddin, nos arriscamos a bancar os bobos. Essa parece ser uma das funções primárias do desejo: manter-nos fora de equilíbrio, em suspenso, no limite, ou fora de alcance. Por conta dos nossos apegos, essa é uma realidade desconfortável. No entanto, como muitos mestres zens observaram, há valor nesse desconforto. Se aprendermos a prestar atenção a ele de uma forma meditativa, ele pode nos trazer o estado de abertura e de calma que o budismo tanto valoriza. O tipo de desconforto que o desejo engendra é, na verdade, mais próximo daquilo que os budistas veem como realidade do que com uma posição mais acertada com a qual nos mascaramos. O equilíbrio vem quando aprendemos a estar desequilibrados, não quando nos mantemos distantes. É desse lugar que nossa vida interior emana.

Se a essência do zen é paradoxal, então a essência do desejo é certamente zen. No zen, como em todas as outras escolas de budismo, há um interesse especial naquilo que é normalmente ignorado, sobretudo se nos deixa um tanto desconfortáveis. "No zen diz-se 'se alguma coisa te aborrece em dois minutos, tente por quatro.

Se continuar a aborrecê-lo, tente por oito, dezesseis, trinta e dois e assim por diante'", afirmou o compositor de inspiração zen John Cage. Aquilo que não se dá atenção ou que é menosprezado é alimento para o pensamento zen. Pode ser o som da brisa, o reflexo do céu no orvalho da manhã ou o lavar da tigela do café-da-manhã. Pode ser uma xícara de chá ou o apanhar de ervas daninhas no jardim, ajudar o filho no dever de casa ou dobrar a roupa lavada. A atenção a esses fatos simples, onipresentes, da nossa existência é o método (sem método) da meditação budista, o começo de uma integração da percepção meditativa na vida diária. Ao contrário de desprezar essas experiências aparentemente inúteis na busca de algo mais significativo, o zen nos aconselha a prestar atenção no dia-a-dia.

Quando se aventura no mundo dos relacionamentos humanos, como o faz no Caminho da Esquerda, o budismo continua a enfatizar a atenção ao quadro inteiro, não apenas às partes que idealizamos. Esse é o princípio mestre do caminho do desejo, o qual transforma assuntos do coração em alimento espiritual. John Cage fez música a partir do silêncio e também de instrumentos musicais. Dessa forma, ele dirigiu a atenção aos desprezados espaços entre as notas. Treinado na disciplina de não se afastar daquilo que é desagradável, e não se apegando ao que é agradável, a abordagem budista é investigar tudo o que é dado. No caso do desejo, o que é dado inclui o espaço entre satisfação e realização, a solidão que persiste mesmo no amor. Intrigado por esse vazio tanto na minha vida pessoal como no meu trabalho como psicoterapeuta, descobri que isso é uma fonte de inspiração tão rica como a união imaginada do amante com o amado. O mergulho nesse vazio possibilita uma apreciação do desejo que é possível apenas quando sua natureza paradoxal é reconhecida. Apesar de não nos levar aonde achamos que deveria nos levar, o desejo pode, na abordagem budista, nos conduzir ao nirvana.

Um dos meus pacientes, um fotógrafo de trinta e poucos anos chamado Mike, cuja prática de meditação está amadurecendo, veio ao meu consultório recentemente e me contou a seguinte história. Vindo até o centro da cidade de metrô para me ver, ele percebeu uma jovem de pé no vagão, em frente a onde ele estava sentado. Ela tinha um corpo lindo, o qual ele não pôde deixar de admirar, apertado como estava numa calça jeans branca. Ele ficou sentado em meio ao vagão lotado, observando-a de alto a baixo, pensando com seus botões que era uma pena que seu rosto não fosse tão lindo como seu corpo. De repente, outra mulher a chamou – ela parecia conhecê-la há tempos: "Tanya, como você vai? Como vai sua família? Você ainda canta tanto quanto cantava antes?" Mike se espantou. Ele percebeu que a moça não tinha mais que dezessete anos e se sentiu mal pela forma como a estava objetificando.

"De repente, percebi que ali havia uma pessoa", confidenciou-me ele. "Quando eu a estava observando antes disso, era como se eu estivesse apagando sua pessoa."

Mike e a moça desceram na mesma estação, e ele percebeu que, quando desceu do vagão, voltou-se para tentar ver o corpo dela mais uma vez.

"Eu não podia acreditar naquilo", disse Mike. "Aquilo me lembrou de como eu tinha me visto na noite anterior depois de ter jantado comida chinesa e enquanto comia um bolinho da sorte. Eu esmaguei aquilo na minha boca, farelos por todo o chão, como um animal, e me percebi dizendo a mim mesmo 'o que estou fazendo?' E eu sabia a resposta, 'é assim que estou vivendo minha vida; apenas relando na superfície das coisas. Não há profundidade na maneira como estou vivendo'."

Não pude deixar de sorrir ao ouvir a história de Mike. Gostei de ele ter admitido a forma luxuriosa que ele olhou para a moça e o quanto foi inevitável para ele dar uma última olhada. Mas também admirei sua humildade em reconhecer a humanidade da jovem e o seu desejo de falar sobre o conflito que aquilo criou dentro dele. Sua habilidade de fazer uso do evento casual no metrô para examinar o modo como ele estava deixando o desejo dominá-lo foi impressionante. Sem deixar de lado o seu desejo, ele estava começando a deixar que esse desejo o transformasse

O vazio

Algumas pessoas imaginam que no budismo não há desejo, ou que seu sentido é eliminar todo o desejo. Mas a história de Mike nos dá uma imagem mais verdadeira. Sua prática de meditação permitiu que seu desejo se tornasse um objeto de contemplação. Ele estava começando a emergir, por meio do poder da auto-observação, de um estado em que se é dominado pelo desejo a um estado menos intenso, menos nervoso e menos humilhante para ele e para os outros.

Aberto ao Desejo

Minha filha tem um livro escolar de história com um capítulo sobre o budismo que apresenta uma visão incompatível com as lições percebidas nas sutilezas de Mike. A escola dela usa esse livro no 9º ano – o capítulo sobre budismo vem logo no começo do livro. Parece tão simples quando está impresso. "Buddha ensinou que a causa do sofrimento é o desejo e que a forma de acabar com o sofrimento é se acabando com o desejo." Pare de desejar, e o sofrimento vai parar. Poderia estar mais claro? Tentei explicar à minha filha que era mais complicado.

"Buddha ensinou que a causa do sofrimento é o *desejo incontrolado*" disse-lhe, "não é exatamente o desejo em si mesmo. Há uma diferença. Pode-se dizer que a causa do sofrimento é o *apego*", afirmei, tentando ser útil, enquanto observava seu olhar adolescente de desdém. Ela não estava interessada nas sutilezas. Aquilo que estava escrito no livro bastava para ela. Era tudo o que precisava saber para a prova. Sobre o jainismo, a não-violência, *ahimsa*. Como o próprio desejo, ela já estava pronta para a próxima.

Mesmo no budismo, claro, há uma meta desejada, comum tanto ao Caminho da Esquerda como ao da Direita. A meta tem a ver com estar totalmente presente no momento, consciente sem julgamento e capaz de viver totalmente no Agora. Mas como muitos praticantes de meditação tiveram de admitir com o tempo, até mesmo essa meta é impossível de se atingir. O momento presente está sempre se dissolvendo. Falando em termos neurológicos, há um lapso de pelo menos um terço de segundo entre o momento "presente" e nossa habilidade de ter consciência dele. Até mesmo o presente está constantemente escapando de nós. Um mestre zen americano contemporâneo descreve isso da seguinte forma: "estar presente em meio a ser o que somos é uma sensação pura que nunca poderemos apreender com exatidão. É transitório e inapreensível".[1] *Uma sensação pura que nunca poderemos apreender com exatidão*. Sempre ilusório, o objeto do desejo, até mesmo no zen, está continuamente retrocedendo.

Essa percepção proporcionou um novo tipo de humildade na imaginação budista com relação ao desejo, uma simplicidade e aceitação da sua natureza discordante que não parece natural para nossas mentes ocidentais. Há uma história sobre uma das primeiras visitas do Dalai Lama a Los Angeles. Ele estava lecionando naquela cidade já fazia uma semana e a cada dia ele passava, em seu caminho, pela fileira de belas lojas, com as vitrines mostrando as últimas geringonças

DESCONTENTAMENTO

tecnológicas. No fim da semana, ele afirmou que queria ter aquelas coisas, mesmo nem sabendo ao certo o que eram![2] Que esperança há em eliminarmos todo e qualquer desejo, se nem mesmo o Dalai Lama responde dessa forma?

Apesar de haver certas correntes dentro do budismo que interpretam as coisas exatamente como são descritas no livro da minha filha, essa não é a compreensão mais feliz que surgiu nesses vinte e cinco séculos de embate com o problema. Uma vez que ficou claro que o desejo nunca poderá ser eliminado e que ele nunca é inteiramente satisfeito, uma nova relação com ele deve ser desenvolvida. Como uma criança insistente e teimosa, o desejo nos cutuca até que o aceitemos como ele é. E ele é um professor maravilhoso. Quanto mais sucesso ele tem em atingir sua meta, mais ele nos abre aos seus defeitos.

Há uma famosa história japonesa que expressa o prazer peculiar com o qual o desejo é tido na tradição budista.[3] Uma jovem, conta-se, está andando por um campo quando encontra um tigre que a olha esfomeado. Ela corre, e o tigre a persegue. Ela chega a um despenhadeiro, se agarra à raiz de uma trepadeira e se joga no precipício. Pendurada lá, vê o tigre farejando o ar acima dela. Tremendo, ela olha para baixo. É uma longa queda, e ela se sente um pouco tonta. Então, a jovem percebe algo mais. Há outro tigre abaixo dela, presumivelmente faminto, que também viu o apuro pelo qual ela passava. Os tigres espreitam, um em cima, outro embaixo, esperando pelo banquete. Ela se agarra à trepadeira. De repente, dois camundongos aparecem na beira do penhasco e começam a roer as raízes que a sustentam. A mulher nota um morango silvestre crescendo ali perto, na encosta do precipício. Ela estica um braço e colhe o morango e, ainda agarrando o cipó com a outra mão, colocou-o na boca. Então ela morde. Ahhhh! Que doce sabor.

Esse é o fim da história. Nunca saberemos o que acontece – ou, na verdade, nos é dito exatamente o que precisamos saber. A história, conforme a compreendo, é sobre o desejo. Como uma história de ensinamento budista, também é obviamente sobre outras coisas. Tem a ver com estar no momento, com a fragilidade da vida cotidiana e com fazer uma coisa de cada vez, mas também parece ser uma metáfora para o desejo. A mulher encontra seu desejo, e ele aparece como um tigre. Na psicanálise, o tigre seria chamado de projeção. Feroz, selvagem, devorador. Uma fera. Como acontece com o desejo, parece haver apenas duas opções: fugir ou se entregar.

ABERTO AO DESEJO

Nossa protagonista foge da fera apenas para encontrar um segundo tigre. Não há escapatória. Encurralada, ela se agarra como pode à vida. Mas o desejo continua a atormentá-la. Muda de forma, multiplica-se, ameaça-a, enquanto ela luta para evitá-lo. Até mesmo na forma de camundongos é perigoso. Como ela pode escapar? A solução está no morango. O que ela faz? Ela o experimenta e ele é gostoso. Ela o morde, sem nem ao menos saber se conseguirá dar a segunda mordida, pois não sabe se haverá o momento seguinte. Com atenção completa, ela saboreia a fruta. O desejo é o tigre e o camundongo, mas também é o morango. Quando a jovem para de correr e abre mão do medo de ser devorada, ela pode finalmente prová-lo. E o sabor do desejo é bom.

Essa história sugere que se obtêm frutos ao se pular no vazio. Tentar extirpar o desconforto da nossa experiência de desejo apenas a torna mais carregada. Mas permitir-se cair no espaço onde o desejo não pode transpor torna a experiência completa. O pouco de falta que permanece, até mesmo após se conseguir a maior satisfação de um desejo, é uma janela que dá para algo importante, algo verdadeiro. Apesar de estarmos condicionados para retroceder dessa ilusão, vê-la como uma deficiência que deve ser superada, é possível nos relacionarmos com ela de uma maneira completamente diferente. Ela pode, de fato, ser apreciada como um aspecto intrincado e inevitável da natureza do desejo e uma janela que se abre para a verdadeira natureza do eu.

Na maioria das vezes, porém, não estamos em boa forma emocional para saborear o morango. Quase sempre estamos buscando a próxima coisa, tentando escapar do desconforto e da decepção da última experiência. Como Ravana no *Ramayana*, ficamos infinitamente frustrados nas nossas tentativas de possuir completamente o objeto do desejo. Nunca aprendemos a fazer uso do espaço intermediário, como Rama e Sita são obrigados a fazer, como eu precisei fazer depois do meu vexame naquela praia da Jamaica, e conforme meu paciente Mike começou a fazer ao se observar no metrô.

Nossa experiência com o desejo é muitas vezes mais complicada e conflitante do que a história zen sugere. Nós não pulamos no vazio por vontade própria, mas reagimos a isso como se fosse um insulto. Inevitavelmente, ao continuarmos famintos e buscando algo mais, começamos a procurar alguma coisa ou alguém em quem pôr a culpa. Às vezes culpamos nós mesmos; às vezes, aqueles que amamos; e outras vezes, culpamos o próprio desejo. Mas conforme insistem os melhores ensinamentos budistas, fazemos isso porque sobrepomos uma qualidade adicional de "realidade objetiva" naquilo que desejamos. Quando Mike estava olhando insistentemente para a jovem no metrô, nas suas fantasias ele a estava fazendo "dele". Não havia espaço, até que a amiga dela a chamou, para que Mike apreciasse a realidade subjetiva dela. De forma semelhante, quando estava me esforçando para me tornar um com minha esposa, fundir-me a ela, na Jamaica, estava assumindo que ela tinha alguma "essência" a qual eu precisava possuir. Aquilo nela que não se podia alcançar pareceu-me um problema, e não algo para se comemorar.

Ao nos apegarmos à aparência extrínseca das coisas, esperamos nos satisfazer completamente. Buscamos nos unir ou nos fundir, como eu fiz com minha mulher, como um antídoto contra nosso sofrimento. Mas esse tipo de satisfação é impossível, pois as qualidades que projetamos no objeto desejado – permanência, estabilidade ou objetificação – não existem de fato. Como resultado inevitável, ficamos desapontados. A disparidade entre a forma como vemos as coisas e a maneira como elas realmente são é a raiz do nosso embate com o desejo. Quando, porém, aprendemos a incorporar essa disparidade como parte da nossa experiência, o desejo pode ser um professor, em vez de uma aflição. Podemos nos abrir mais a isso quando paramos de lutar com o modo como ele nos decepciona.

Agridoce

Essa é uma percepção que podemos encontrar não apenas nas antigas civilizações indianas, mas também na Grécia antiga. A poetisa e estudiosa Anne Carson, em um brilhante ensaio sobre Eros, cita os poetas líricos gregos para dar uma ideia do paradoxo ao qual o desejo inevitavelmente nos leva. Ela cita um fragmento de um dos versos de Safo no qual o desejo é descrito não como se fosse doce como o morango, mas sim "agridoce". Agridoce é a palavra correspondente em português, mas da maneira como Carson retraduziu o poema, invertendo a palavra inglesa correspondente, isto é, *"bittersweet"*, em *"sweetbitter"*, mostra como Safo percebia o desejo: primeiro, ele é doce (*sweet*) e depois vem a mordida.[4]

Aberto ao Desejo

Eros, mais uma vez, me deixa de perna mole, provoca em mim uma tontura

Doce-amarga, impossível de se combater, criatura que rouba[5]

A qualidade do sabor não é a primeira coisa que nos chama a atenção nessa passagem marcante. Safo captura primeiro a qualidade cruel do desejo. Eros *mais uma vez*, infere ela – logo traz o desamparo. Então Safo aborda a qualidade sobrenatural, quase impessoal, do desejo e a maneira como ele nos domina. *Criatura que rouba*, impossível de se combater, que nos deixa tontos, amolece-nos os membros e nos leva a fazer coisas as quais nunca pensamos sermos capazes. Quase como uma conclusão posterior, o sabor "doce-amargo" flutua até a superfície. É uma experiência complicada.

Conforme a interpretação de Carson, há uma característica "unificadora" no desejo. Ele nos faz ver como os dois polos da afeição podem ser unidos numa experiência única, como esses opostos não são, na verdade, opostos, mas dois lados da mesma moeda. "Amor e ódio convergem no desejo erótico",[6] observa ela, repetindo as percepções dos mais experientes terapeutas de casais da atualidade. Por que isso acontece? Carson explica: "o desejo só existe por aquilo que falta". Por ser predicado na falta, estimulado pela separação e sempre surgindo contra a realidade, destina-se a ser incompleto, ou pelo menos a não satisfazer qualquer vontade que ele venha a despertar.

Freud foi tão tocado por essa verdade quanto Safo. Enquanto fundador da psicanálise, ele se sentava no consultório e observava o desejo de seus pacientes desdobrar-se diante de seus olhos. Mais do que a maioria das pessoas, ele evitava julgar o que via. O terapeuta, declarou ele, "deve dar atenção imparcial a tudo o que deve ser observado".[7] Embora ele não soubesse, essa foi a mesma instrução que Buddha deu a seus monges quando os ensinou a ouvirem a si mesmos. Examinando por baixo da superfície da repressão vitoriana, Freud descobriu uma torrente de libido, a qual ele descreveu com tanta incredulidade quanto seus antecessores gregos, chegando, essencialmente, às mesmas conclusões.

"É a diferença quantitativa entre o prazer da satisfação *exigida* da que é de fato *alcançada* que fornece o impulso que não permitirá que se detenha em nenhuma posição atingida",[8] concluiu. Somos impulsionados adiante, percebeu Freud, por um mestre enganoso, o qual sempre promete a satisfação última e que é sempre incapaz de ser realizada. O que queremos do sexo, desejava Freud saber; o que *exigimos* dele? Tem a ver com prazer não satisfeito? Parecemos estar buscando um nível de alívio que não está disponível, e ficamos bravos quando ele não vem. O espanto de Freud ficou evidente quando ele confrontou essa realidade.

"Sempre há, em associação com o relacionamento erótico, sobre e acima de seus componentes sádicos, uma parcela de pura inclinação à agressão. O objeto do amor não vê sempre essas complicações com o grau de compreensão e tolerância que a camponesa demonstra ao reclamar que seu marido não a ama mais, pois não bate nela há mais de uma semana".[9]

Encontramos no humor de Freud a exploração do mesmo fenômeno que Safo e Anne Carson abordaram. O desejo, tanto quanto promete alívio, traz decepção. Não obstante, essa decepção é necessária para que o desejo seja mantido. Que tipo de sistema é esse? Trata-se de um Ardil 22.[10] Um dilema. A sobrevivência do desejo depende da sua frustração. Quando parece ter atingido sua meta, começa a cobiçar outra coisa qualquer. Nunca sabe quando parar. E nós somos os veículos desse drama interminável. É impossível combatê-lo, o desejo nos envolve mais uma vez. Como se estivesse batendo manteiga, o desejo nos molda conforme sua imagem.[11] *Doce-amargo.*

Conforme concluíram os ascetas das religiões do mundo, estar totalmente sob o encanto do desejo é uma perspectiva amedrontadora. Mas, de acordo com aquilo que os praticantes da yoga do desejo descobriram, as decepções inerentes ao desejo podem ser interessantes. Elas aprofundam nossa vida interior, fazendo-nos crescer e iluminando a verdadeira natureza da realidade.

Apesar das nossas melhores intenções, o desejo continuamente nos lança num tipo peculiar de vazio. Segundo o retrato que Anne Carson faz, há sempre três personagens em qualquer história sobre Eros: "amante, amado e aquilo que fica entre eles".[12] Esse terceiro personagem, o obstáculo entre os dois, é o fator crítico na trilha do desejo. É aqui que o ensinamento mais útil do budismo começa a fazer sentido. O obstáculo que está no meio é sempre o apego. E o apego é impulsionado pela esperança que alguma coisa ou alguém, em algum lugar, possui algum tipo de realidade última.

Quando é transformado em objeto de contemplação, o desejo sempre revela uma verdade desconfortável, porém libertadora. Nem o amante, nem o amado têm a solidez que julgamos ser necessária. O vazio que se coloca entre o amante e o amado é um reflexo dessa falta de solidez. Queremos possuir ou ser possuídos, mas nada é substancial o bastante, nem dura o suficiente, ou é suficientemente permanente ou é *real o bastante* para satisfazer completamente. Na linguagem budista, diz-se que nada é o bastante real por si próprio para ser inteiramente satisfatório. Na verdade, a transcendência que o desejo busca só pode ser encontrada ao se aceitar esse fato.

Não importa o quanto protestemos, sempre há algo que vem no meio. Não houve meios para Sita evitar a objetificação que Ravana fez dela. Meu apego fez com que eu ficasse longe da minha esposa na Jamaica. Quando Mike devorou o bolinho da sorte, isso o impediu de saborear a guloseima. Apesar de as circunstâncias mudarem como formas em um caleidoscópio, os resultados são sempre os mesmos. O desejo deve confrontar o vazio que nosso apego quer erradicar. A maneira como lidamos com esse vazio faz toda a diferença na nossa vida. Os versos de Safo, como as reflexões de Freud, nos banham em sua praia. Será que nós choramos e perseveramos como Nasruddin? Provamos o amargo junto com o doce, como Safo? Ou será que podemos abordá-lo ainda de outra maneira? Tanto Safo como Nasruddin indicam a natureza do desejo de Buddha.

Escrito em pedra

Uma vez que essa visão alternativa do desejo é concebida, é fácil ver sua evidência em todos os lugares. Nos primeiros grandes monumentos erguidos nos séculos seguintes à morte de Buddha, foi feito um esforço para expressar a essência de sua sabedoria em forma de escultura. Foi uma tentativa de escrever em pedra o que Buddha pediu que seus seguidores conhecessem em seus corações. Para um movimento construído sobre a apreciação da transitoriedade e efemeridade, essas esculturas são bem contraditórias. Mas mesmo sendo maciças, não deixam de manifestar a verdade essencial sobre a natureza do desejo: sua eterna inabilidade de alcançar completamente o objeto de sua busca. Esses monumentos, chamados de *stupas*, são edifícios circulares de pedra, sólidos e monolíticos, construídos con-

Descontentamento

forme o estilo ainda mais antigo de monumentos funerários indianos. Foram construídos, ao menos originalmente, para conter relíquias do corpo de Buddha, ou suas cinzas, e vieram a representar sua morte, sua entrada final no nirvana e a clareza da sua mente iluminada. O paradoxo da sua forma, porém, implicava que não havia meio de alcançar seu centro. Podia-se apenas circundá-lo, num tipo de circum-ambulação ritual que veio a ser uma forma de meditação.

Uma longa grade cerca a *stupa*, às vezes tão grande que chega a ter um diâmetro de várias dezenas de metros, como as antigas grades que em outras eras cercavam as árvores sagradas ou os santuários. A grade, gravada com relevos nas duas faces, criava uma área sagrada entre a periferia e o interior da *stupa*. Quatro entradas entalhadas de forma elaborada, cada qual situada a noventa graus, permitem que se penetre na área fechada, onde a pessoas entram para andar em sentido horário ao redor da *stupa*, realizando um tipo de meditação ao caminhar, prescrita por Buddha.

Dizem que Ashoka, o imperador budista da Índia que viveu no século III a.C., construiu 84 mil *stupas* depois de ter se convertido de um rei guerreiro a um governante budista amante da paz. Mas as *stupas* de Ashoka foram só o começo. Por toda a Índia, em locais que o tempo fez esquecer até serem redescobertos por arqueólogos nos séculos XVIII e XIX, há monumentos que datam da virada de dois milênios atrás concebidos para expressar os ensinamentos de Buddha por meio da arquitetura. As maiores e mais importantes estão em locais chamados Sanchi (século III ou I a.C.), Bharhut (cerca de 100 a.C.) e Amaravati (século I ou II a.C.), mas também surgiram em todos os lugares onde a nova religião gradualmente se instalava.

Um motivo comum em todas as *stupas* é a presença, fora da grade e do exterior das quatro entradas, de formas sensuais masculinas e femininas, quase sempre enlaçadas de trepadeiras, árvores, flores, outras plantas e uma com a outra. A riqueza das imagens é impressionante. Os portões e as grades são literalmente cobertos por essas figuras, cobras, elefantes e pelos chamados ícones de fertilidade: *yakshis* e *yakshas* seminus, personificações dos espíritos da natureza; imagens de prosperidade, abundância e satisfação sensual. Algumas esculturas mostram galhos emergindo das vaginas das mulheres ou trepadeiras fluindo de seus umbigos; outras mostram deusas de corpo inteiro martelando gentilmente os troncos das árvores para fazê-las frutificar. Casais se acariciando ou mantendo

relações sexuais são colocados sobre o lótus, com suas pétalas brilhantes capturando a luz, enchendo as colunas exteriores. O efeito
é de desejo explícito, o qual acompanha o visitante ao longo da trilha onde a circum-ambulação meditativa é executada, circundando
as cinzas de Buddha.

A presença dessas esculturas sensuais há muito tem intrigado
os estudiosos. O que fazem num local santo do budismo? A visão
convencional é de que essas imagens são símbolos do mundo transitório das paixões e desejos que as pessoas têm de deixar para
trás quando entram no templo ou *stupa*.[13] É como se as grades
demarcassem um espaço sagrado, isolando-o do mundo profano
do desejo e da sensualidade que existe além dos limites do templo.
Outros especialistas, porém, discordam. Apesar de concordar que
as figuras sensuais claramente marcam um limite entre o sagrado e
o profano, afirmam que as figuras de fertilidade estão lá para dar as
boas-vindas aos praticantes. Os visitantes têm de passar *debaixo* delas, observam eles, para aceitar suas bênçãos antes de entrarem nos
domínios de Buddha. Essas figuras de fertilidade eram familiares
entre a população local, faziam parte da cultura antes de Buddha
chegar, e parecem ter sido recrutadas pelos artistas do templo para
ajudar os visitantes a se sentirem mais à vontade.[14]

Para mim, as imagens de desejo nesses locais antigos só fazem
sentido se forem vistas como parte integral do resto do monumento.
Assim, o gozo do desejo sensual se torna o ponto de entrada aos
ensinamentos de Buddha. Isso é o mais próximo que podemos chegar nas nossas vidas rotineiras, à bem-aventurada consciência que
Buddha descobriu. Mas o desejo sensual deixa um vão. Esse vazio é
o caminho a ser percorrido em procissão dentro da grade suntuosa-
mente decorada, o espaço intermediário entre o desejo e seu objeto,
onde a meditação acontece. Esse vazio é um lugar familiar. É o mesmo espaço que fica entre o amante e o amado, que evita a fusão ou
união que se quer. Foi o mesmo vazio que Buddha descreveu quando colocou a roda do Dharma em movimento, o vazio entre o desejo
e a satisfação que nos faz sempre querer mais.

A arquitetura da *stupa* é concebida para enfatizar esse vazio, para
transformá-lo num local de prática, em vez de deixá-lo se tornar uma
fonte de frustração. A *stupa* reconhece os prazeres instigantes do
desejo sensual, mas não nos deixa parar ali. Devemos chegar mais
perto, no espaço liminar onde podemos sentir a não-completude das
exigências do desejo. Apenas ao se reconhecer essa não-completude

DESCONTENTAMENTO

conseguimos compreender a verdade suprema de Buddha: nem o eu, nem o outro têm a identidade intrínseca, a solidez que desejamos. Essa percepção foi a fonte da iluminação de Buddha e garantiu a ele uma satisfação profunda. Como os ensinamentos de Buddha, a *stupa* cria um espaço onde o desejo pode ser mantido em toda a sua complexidade e ambiguidade. E ele aponta para um desejo ainda maior, um objeto de afeição ainda mais venerável: a própria iluminação de Buddha, brilhando em seus seguidores da mesma maneira que o sol faísca no céu.

A arquitetura da *stupa* descreve uma verdade de duas faces sobre o desejo. Ao colocá-lo tão perto do centro do monumento, a planta enfatiza o potencial de iluminação do desejo, o prazer que ele pode trazer e a semelhança entre esse prazer e o do nirvana de Buddha. Mas ao fazer de Eros o limiar do nirvana, a arquitetura da *stupa* também revela um aspecto essencial que deve ser confrontado antes para se alcançar o nirvana. Esse aspecto é o fracasso último do objeto em satisfazer o que está se pedindo. O desejo pode levar você ao nirvana, mas só se você quiser seguir para onde ele leva.

A consciência do desejo revela algumas verdades desconfortáveis. Safo as chamou de doce-amargo, mas Buddha concorda apenas de um modo relativo. Sim, o desejo sempre decepciona. Mas se pudermos fazer dessa decepção o objeto de nossa consciência, então o desejo pode levar à iluminação. Conforme a jovem pendurada em um penhasco na história zen do morango descobriu, o vazio pode ser doce, mesmo se estivermos na ponta da corda.

Notas

1. Norman Fischer, "Meditation and the artistic impulse", *Inquiring mind*, vol. 18, n. 2. Primavera de 2002, p. 6.

2. Agradeço a Joseph Goldstein por transmitir esta história.

3. Agradeço ao mestre zen Pat O'Hara por esta versão da história.

4. O autor faz um brincadeira com as palavras *bitter* (amargo) e *bite* (mordida, bocado), mudando o sentido original do termo (NT).

5. Anne Carson, *Eros: the bittersweet*. New York: Dalkey Archive Press, 1986, 1998, p. 3.

6. Ibid., p. 9.

7. S. Freud (1909), Analysis of a phobia in a five-year-old boy, *S.E.* In: London: Hogarth Press, 1955, p. 23, v. 10.

8. S. Freud (1920), Beyond the pleasure principle, In: *S.E.*, p. 42, v. 18.

9. S. Freud (1930), Civilization and its discontents. In: *S.E.*, p. 106, v. 21.

10. O autor se refere ao livro de Joseph Heller, que descreve as agruras de um grupo de combatentes da Força Aérea Americana durante a Segunda Guerra Mundial, os quais, para conseguir a baixa e escapar da guerra, recorriam a diversas artimanhas; uma delas era afirmar-se louco, o "Ardil 22", conforme o Estado Maior apelidara a conhecida manobra. No entanto, o Ardil 22 nunca funcionava, uma vez que o louco jamais admite seu estado de demência (NT).

11. Na mitologia hindu, o mundo foi criado a partir do processo de transformar o oceano cósmico, que era de leite, em manteiga (NT).

12. Carson, op.cit., p. 16.

13. Essa visão é oferecida em um texto escrito na parede do *Seattle Asian Art Museum*, onde uma das figuras *yakshi* mencionadas está na mostra permanente.

14. Agradeço a Maribeth Graybill, curadora sênior de arte asiática no Museu de Arte da Universidade de Michigan, pela sua palestra na Japan Society em 14 de abril de 2003, *Where parallels meet:* the place of art in the transmission of buddhism.

PARTE II

APEGO

*Senhor de Lanka, sou o filho do vento, veloz ou
lento, irresistível em meu disfarce. Sou um animal;
aquilo que chamas de beleza não virará minha cabeça.
Cruzei o oceano, como apenas uma pessoa sem
apego aos desejos mundanos consegue cruzar sem esforço
o oceano da existência. Retire seu coração de
Sita, ou será um roubo caro, pois é por conta
da energia dela que saltei por sobre o mar.*

Ramayana (p. 259)

CAPÍTULO 4

O sabor da separação

Poderia se pensar que meu confronto com "o obstáculo que aparece entre o desejo e sua plena satisfação" na praia da Jamaica fosse o bastante para toda uma vida. Certamente mostrou-me a falácia básica na minha compreensão do que é a união e da necessidade de passar menos tempo forçando o vazio que existe entre o eu e o outro. Não obstante, parte da minha motivação ao escrever este livro é mostrar o quanto pode ser desafiador trazer consciência sobre nossas vidas movidas pelo desejo. Enquanto Ganesh, Senhor dos Obstáculos, parecia estar em particular presente naquele primeiro encontro, ele não desapareceu exatamente da minha vida desde então. A tendência de olhar para fora de mim mesmo em momentos críticos continuou a me molestar. A yoga do desejo não protege dessas tendências. Ao contrário, encoraja-nos a transformá-las no próprio caminho.

Uma vez, no verão passado, fui almoçar um enrolado de lagosta – enrolado de lagosta no estilo de Nova York, não no de Maine. Era uma pedida especial e tinha deixado uma grande impressão em mim, sobretudo à primeira vista. O enrolado de lagosta parecia glorioso. Uma generosa quantidade de carne delicadamente temperada num enrolado quente, com um pouco de manteiga. Uma porção de batatas fritas crocantes. O sol iluminando os tijolos marrons dos prédios do West Village refletia-se na lanchonete quase deserta, enchendo-a de luz. O som de Lucinda Williams tocava, enquanto eu, bebericando chá no balcão de aço imaculado, lia meu jornal sozinho.

Para algumas pessoas, aquela não teria sido uma ocasião para autoanálise, quanto mais uma reflexão sobre a mitologia indiana, mas para mim era um evento com todos os tipos de reflexo. O que eu estava fazendo ali? Aquele não era meu almoço costumeiro.

Aberto ao Desejo

Um pensamento havia me levado àquele lugar. Meus filhos estavam fora, num acampamento. Minha esposa, em seu estúdio. Senti que pela primeira vez, em mais de quinze anos, que estava livre de qualquer responsabilidade familiar. Eu havia trabalhado a manhã toda e não tinha outro compromisso até as 15h15. Tinha perdido a aula de yoga que faço na hora do almoço, acabando o trabalho tarde demais para chegar na hora. De repente, tinha tempo nas mãos. Não era tempo demais, mas era mais do eu conseguia lembrar que já tivera recentemente.

Perscrutei as possibilidades na minha mente. Podia subir e fazer alguma coisa eu mesmo para comer. Muito chato. Podia andar pela vizinhança, indo aos lugares que costumo comer. Estava cheio deles. Súbito, veio: "enrolado de lagosta". O sabor suculento de oceano invadiu insistentemente minha psique. Ondas se chocavam contra mim. Senti-me culpado e tentado. Parecia tão egoísta. Minha esposa poderia ficar enciumada, ela estava trabalhando mais do que eu naquele momento. Que direito eu tinha de buscar aquele prazer? Mas quando o pensamento penetrou minha consciência, tornou-se irresistível. Um amigo havia plantado a semente um dia antes, contando-me sobre seu lugar favorito para comer naquela época. Já havia aparecido artigos no *The New York Times* sobre o enrolado de lagosta perfeito. Sobre o *donut* perfeito, o *cupcake* perfeito, chá verde gelado com pérolas de tapioca. O enrolado de lagosta perfeito, brilhando no olho da minha mente, pareceu-me, de repente, indispensável. Como o gamo dourado que Sita não conseguiu deixar de seguir, ele flutuou fora do círculo perfeito da minha rotina costumeira. Era o que precisava, decidi, e até sabia onde encontrá-lo.

Preciso completar a história? Até onde a realidade corresponde a essas expectativas? O enrolado de lagosta estava bom, mas não magnífico. Eu o comia devagar, com cuidado para saborear cada pedaço, tentando extrair a essência, mas ela desaparecia antes de eu me satisfazer. Queria que o gosto explodisse na minha boca, mas cada mordida apenas confirmava como era comum. As batatas fritas eram finas demais, crocantes demais, todas sem gosto. Talvez a lagosta não fosse tão fresca quanto deveria ser, pensei. Talvez um enrolado de lagosta ainda melhor fosse possível. Talvez aquele outro lugar tivesse uma mais suculenta, com batatas fritas melhores. Minha refeição terminou e me senti um pouco incomodado. Uma vez mais, meu desejo não tinha sido inteiramente satisfeito.

Não deveria ter ficado surpreso pelo fato de o enrolado de lagosta ter sido decepcionante. Há alguma coisa na natureza do desejo que convida a tais experiências. Lembrei-me de uma paciente que tinha atendido naquela mesma manhã, uma jovem cujo namorado viera à cidade para uma visita durante o fim de semana. Ela ficou louca por causa do namorado. Ele não era uma perspectiva de longo prazo para ela, mas ainda assim ela gostava de estar com ele, pelo menos até aquele momento.

"Eu não queria que acabasse", disse-me, "mas também não queria que continuasse".

Foi a mesma coisa com o enrolado de lagosta. De certa forma, gostava mais antes de experimentar. O desejo faz esse tipo de coisa conosco: leva-nos a lugares que nos conduzem de novo a nós mesmos, lugares onde sentimos o vão entre o prazer imaginado e a realização disponível de fato, lugares onde nos sentimos traídos por uma falta de possibilidade. Até mesmo quando o desejo se move na direção da satisfação, também parece ir em direção à insatisfação. O paradoxo está na sua natureza.

"Talvez fosse só um enrolado de lagosta malfeito", você poderia argumentar. E o namorado da minha paciente simplesmente não era a pessoa certa para ela. Com certeza, o desejo não nos leva sempre à decepção. Existem, de fato, coisas como uma refeição satisfatória, uma boa conversa, grandes férias, um filme maravilhoso ou um encontro agradável com o namorado. Mas e o amor verdadeiro? Se olharmos com atenção, até mesmo essas experiências podem conter as sementes da insatisfação. Elas nos dão tudo o que buscamos? Quando a temos, em geral, não queremos ainda mais? Não são sempre mais limitadas do que esperávamos? Elas não realizam nossas exigências de entrega *total*, imersão *completa*, ou proximidade *inquestionável*. Parece que, com nossos prazeres, estamos buscando algo fora deste mundo. Queremos ser "levados para longe" e ficamos irritados por pegar leve com o resultado. Queremos ser transportados, aniquilados, entusiasmados ou simplesmente excitados, mas quando acaba não podemos deixar de nos sentirmos menosprezados. O desejo nos leva em direção ao clímax, mas sua resolução é anticlímax. Só pode ser mantido se continuar sem ser realizado.

A solidão do amor

Refletindo sobre meu mau momento com o enrolado de lagosta, sabia que estava indo contra a realidade da Primeira Nobre Verdade de Buddha. No espaço que se abriu na minha agenda, fiquei subitamente consciente da minha solidão. Correndo para preencher o espaço, pulei sobre o primeiro objeto de prazer que cruzou minha mente. Como Ravana espionando a linda Sita, agarrei-me ao meu objeto do desejo. O desejo, em vez de diminuir, aprofundou minha insatisfação. Em lugar de aplacar a vontade, foi como um tiro que saiu pela culatra.

De repente, lembrei-me de outro encontro recente com uma paciente, uma ex-dançarina recém-casada chamada Kyra. Ela estava brava com seu marido por ignorá-la. Ele não estava sendo mau, mas às vezes parecia ficar muito distante. Não pareciam estar tendo problemas sexuais, e o tempo que passavam juntos a deixava feliz. Simplesmente não era suficiente. Sentada comigo no meu consultório, Kyra parecia confusa. Essa solidão não a deixava em paz. Não era o que ela esperava do seu casamento de três anos. Nos seus votos matrimoniais, seu futuro marido prometera tê-la e mantê-la, mas ela estava se sentido decepcionada.

"Se fosse um bom relacionamento", ponderou ela, "eu não estaria me sentindo dessa maneira". Mas era difícil para eu ver como o casamento poderia ser muito melhor, sem mudar completamente as personalidades do marido e da esposa.

"Não gosto de me sentir em 'segundo lugar'", disse-me Kyra, ao me contar como ficou aborrecida porque seu marido interrompera o jantar que ela preparara cuidadosamente para atender o primo ao telefone. Isso a lembrava de como costumava se sentir quando era criança, com sua mãe e irmã conversando animadamente uma com a outra. Ela puxava as mangas da mãe fazendo perguntas, mas continuava a ser ignorada. Achou que tinha deixado esses sentimentos para trás – tinha encontrado o homem que amava e que era seu amigo e também amante.

"Talvez ele não seja homem o bastante para vir atrás de mim", pensou em voz alta, como se estivesse se desculpando, ciente de quanto essa ideia pareceria "retrô" para mim.

Ao mesmo tempo em que eu tinha compreendido a necessidade de intimidade de Kyra, senti que havia algo não realista nas

O SABOR DA SEPARAÇÃO

exigências dela. Ela parecia estar vivendo uma experiência de solidão que é muito comum em pessoas que, de um jeito ou de outro, "têm tudo". A maioria de nós é educada para achar que a chave da felicidade está fora de nós mesmos. Olhamos para o exterior para nos apaixonarmos, termos uma família, fazer uma carreira ou construir uma casa, e esperamos que esses níveis de realização sejam suficientes. Quase sempre, porém, descobrimos, para nossa decepção, que quando um nível de necessidade é satisfeito, outro aparece para tomar seu lugar.

Há uma variedade de reações quando essas necessidades surgem. A mais comum, conforme Kyra descobriu, é tentar espremer mais suco do que já rendeu. Ela queria *mais* tempo, *mais* sexo e que seu marido fosse *mais* homem. Ela estava direcionando tudo para ele. Outra estratégia comum é tentar acabar com o sentimento de solidão por meio de comportamentos que já funcionaram antes. Assim, as pessoas se voltam para comida, drogas ou álcool ou buscam gratificação sexual para tentar aplacar sua decepção. Esse é o caminho para a compulsão ou o vício, e suas vítimas são uma legião. A terceira reação relacionada é se virar contra aquilo que você quer. Kyra já estava perigosamente perto disso. Como não conseguia que seu marido lhe desse mais atenção, começou a atacá-lo, primeiro em seus pensamentos, depois com suas ações. Ela ficou distante, mal-humorada e o ignorava sexualmente, contaminando suas relações íntimas e se fechando. Então, ela se sentiria ainda mais justificada em sua infelicidade. Se essa dinâmica continuasse sem ser verificada, não tenho dúvidas de que o casamento de Kyra seria fraturado, fazendo-a buscar felicidade por meio da atenção de outro homem. Mesmo assim, Kyra poderia enfrentar o mesmo problema mais adiante.

O despertar da solidão é um momento muito estranho num relacionamento. Às vezes, é sinal de que as coisas estão claramente mal e que se deve fazer alguma coisa para colocar as coisas em ordem de novo. No entanto, este nem sempre é o caso. É uma daquelas velhas verdades sobre o amor que, enquanto oferece oportunidades sem igual para a união e para a suspensão dos limites do ego, ao mesmo tempo nos carrega como ondas até a praia da diferença, da particularidade da pessoa amada. Cedo ou tarde, conforme Sita e Rama demonstraram no *Ramayana*, e da maneira como eu agia na minha busca pelo enrolado de lagosta perfeito, o amor nos faz sentir inexoravelmente separados.

ABERTO AO DESEJO

Grande parte dos psicólogos especialistas aconselha certo nível de resignação perante essa decepção. Esses profissionais nos lembram que alguns desejos, como o de intimidade total, nunca podem ser realizados. É famosa a afirmação de Freud do "princípio da realidade", no qual as insistentes exigências por prazer têm de dar lugar à verdade da limitação e da restrição. Ele via como tarefa da terapia ajudar as pessoas a mudarem de um lugar de miséria neurótica para outro de infelicidade comum, o que, para ele, já era mudança suficiente. Um psicanalista que contemplou a natureza contraditória do amor, porém, propôs uma formulação que traz mais esperança. "O amor", escreveu Otto Kernberg, o qual devotou grande parte de sua longa carreira ao estudo das relações humanas íntimas, "é a revelação da liberdade da outra pessoa".[1]

A implicação da afirmação de Kernberg é que há uma dimensão espiritual nesse resíduo de solidão. Na revelação da liberdade da outra pessoa há uma janela que dá para o estado de não-apego. Esse é o estado que Buddha proclamou como as "boas-novas" da sua Terceira Nobre Verdade. Ao mesmo tempo em que o desejo exige realização, e o faz em geral no amor, ele apenas pode encontrar a liberdade que procura por intermédio do não-apego.

Um dos meus primeiros professores espirituais, Jack Kornfield, conta uma história muito interessante sobre as próprias batalhas contra a solidão quando praticava como monge na Tailândia.[2] Embora os sentimentos esquecidos de um jovem monge num mosteiro estrangeiro possam parecer bem distantes das dores do desejo numa relação íntima, eles têm, na verdade, muito em comum. Durante muito tempo, em suas meditações solitárias, Jack era assaltado pelo desejo sexual. Embaraçado pela natureza compulsiva de seus pensamentos e fantasias, Jack finalmente começou a discutir seu problema com seu velho professor tailandês.

"O que devo fazer a respeito disto?", perguntou e se surpreendeu ao ouvir o velho responder que simplesmente observasse seu desejo. Ele trabalhou duro nisso, aplicando o chamado "bare", ou atenção desprovida de julgamento sobre qualquer coisa que se experimente. Todos os tipos de material sexual continuaram a encher sua mente. Mas, aos poucos, o sentimento de solidão começou a emergir. Seu impulso sexual não era apenas desejo, mas busca de proximidade e conforto.

Em muitos casos essa revelação teria bastado, mas como Jack estava num longo retiro, continuou a observar seu processo interior.

O SABOR DA SEPARAÇÃO

De maneira semelhante a Kyra em sua terapia, a solidão de Jack parecia derivar de um sentimento de insuficiência da primeira infância.

"Há alguma coisa errada comigo, e sempre me sentirei rejeitado", ele se viu pensando. Sabia que aquele era um sentimento-raiz sobre si mesmo, mas em vez de se fechar em torno disso pela autopiedade, abriu-se a esse sentimento com espírito de aceitação. Devagar, mas com constância, o desejo faminto deu lugar a um sentimento de espaço que preenchia e iluminava seu coração. O vazio perturbador deu lugar a um espaço claro. Sua identidade como pessoa solitária que não merecia amor mudou para uma mais aberta e indefinida.

O sentimento persistiu, mas destituído da qualidade de "coitadinho de mim". Seu desejo cedeu conforme a possibilidade de não-apego ficou evidente.

As revelações de Jack enquanto praticava meditação no mosteiro tailandês foram movidas por uma percepção intuitiva muito importante, a qual o budismo sempre enfatiza em sua abordagem para aliviar o sofrimento. Ao observar sua mente tão de perto, Jack zerou uma autoimagem central que o estava dominando. "Há alguma coisa errada comigo, e sempre me sentirei rejeitado", pegou-se pensando. Essa crença-raiz sobre si mesmo estava estruturando grande parte da sua experiência do mundo. Era seu eu que se sentia defeituoso e a maior parte do seu desejo erotizado surgia pela vontade de fazer esse eu imperfeito desaparecer. Quando ele viu que não havia nada real em *última instância* sobre essa visão particular de si mesmo, a percepção começou a perder seu domínio sobre sua psique. A experiência da dissolução desse sentimento-raiz no espaço claro livrou-o de um peso que ele vinha carregando desde a infância. Buddha ensinou que todas as autoimagens são vazias e que a solidão residual que sentimos mesmo em meio a uma relação amorosa é causada pelo apego a essas representações.

Kyra ainda não tinha a intensidade meditativa da autoconsciência de Jack, mas era capaz de seguir o mesmo caminho. Nas suas conversas comigo, ela pôde perceber que era uma especialista em proximidade, tendo aprendido como costurar-se ao espaço de outra pessoa para fazê-la feliz.

"Sei como colocá-los em primeiro lugar", disse-me ela com orgulho e com um traço de exasperação com relação à incapacidade de seu marido para fazer a mesma coisa por ela.

"Você não quer se sentir em segundo lugar, mas sempre coloca a outra pessoa em primeiro plano", observei a ela.

Kyra admitiu que nunca tinha pensado daquela forma antes e, então, teve uma percepção reveladora, como sempre acontece na psicoterapia.

"A solidão tem feito parte de mim", disse calmamente, seus olhos abrindo-se cada vez mais enquanto ela trepidava.

O fim do objeto

A revelação de Kyra foi importante porque a impediu de transformar o desejo em uma espiral descendente de decepções, frustrações, raiva e destruição. Quebrou a conexão entre solidão e baixa autoestima que começara anos antes, quando ela lutava sem sucesso pela atenção da mãe. Como Jack, Kyra tinha, em seu coração, interpretado a causa da sua solidão como um defeito seu. Ao permanecer sentindo isso por mais tempo, ela abriu outros significados possíveis. Ao reconhecer que sua solidão significava ficar mais próxima dela mesma, Kyra começou a explorar aquilo que Buddha implicava ao ensinar o vazio do eu. Estar perto de nós mesmos é amedrontador quando estamos – como sempre – tentando ser alguma coisa mais do que realmente somos. Ao deixar a negatividade especificamente relacionada à falta de atenção de sua mãe dissolver-se, Kyra foi capaz de desenvolver um relacionamento mais honesto com o seu eu, um relacionamento no qual ela tinha menos certeza sobre quem era ou sobre o que havia de errado com ela. Em vez de se afirmar um grande poço de negatividade, essa vontade de encarar sua solidão começou a fortalecê-la. Abriu sua vida interior. Ela se sentiu saindo da sua posição solitária na direção de seu marido, em lugar de se refugiar na solidão. E descobriu que seu amor por ele não tinha de ser diretamente proporcional à atenção que ele dedicava a ela. Apesar de isso ser diferente da sua concepção de relacionamento, havia algo excitante naquilo. Uma solidão não contaminada por autopiedade pode ser muito fértil.

Enquanto eu refletia sobre essas conversas com Kyra, de repente minha experiência com o enrolado de lagosta assumiu um novo sentido. Percebi, não sem algum embaraço, que ele podia ser lido

O SABOR DA SEPARAÇÃO

como uma metáfora de um relacionamento. Quando o primeiro momento de liberdade abriu-se no começo da tarde, meu impulso foi o de me voltar à minha esposa. Eu estava, na verdade, atrás de algo mais que um almoço – a faísca da conexão a qual eu sabia ser possível no meu casamento, mas que estava temporariamente indisponível por causa das obrigações da minha esposa em seu estúdio. O enrolado de lagosta foi um tipo de substituto, embora não acho que ela vá apreciar a comparação. Uma vez mais, porém, ao tentar encontrar um substituto, eu estava privilegiando a direção externa em vez da interna. Estava relutando em ficar comigo mesmo. A decepção que senti pode ter a ver com a impossibilidade de realizar qualquer tipo de desejo sensorial, mas também me pareceu, de súbito, ser uma mensagem sobre a total futilidade de apagar o sentimento de solidão que mascara o eu inseguro. Conforme Buddha ensinou, não há época melhor para compreender o "não-eu" do que quando estamos nos sentindo inseguros.

O ato de refletir sobre um relacionamento colocou em minha mente mais um pouco de história religiosa indiana. Em alguma época do começo do século XVIII, havia na Índia grandes debates religiosos sobre que tipo de paixão era mais sublime, aquela entre os casados ou aquela entre os adúlteros. Os debates eram uma indicação da estima que o desejo podia ser sustentado em certos círculos religiosos, uma estima que tem raízes profundas no subcontinente indiano. O desejo adúltero venceu o debate, pois foi entendido que a mais elevada paixão, o "desejo divino", dependia do que era chamado de "sabor da separação". O casamento naqueles dias implicava ser a esposa propriedade do marido, e não havia espaço, nesse tipo de arranjo doméstico, para os casais ficarem tempo suficiente fora do alcance um do outro para produzir o tipo de desejo tentador que confere à paixão seu caráter passional. Marido e esposa tinham consciência de seus papéis para que houvesse uma imprevisibilidade entre eles. Tudo era muito rígido. A centelha divina depende da diferença peculiar ao outro, diziam os sábios, mas naquela época e lugar essa diferença peculiar ao outro só era possível sob o guarda-chuva do ilícito.

Hoje é diferente. No mundo atual, se tivermos sorte, temos relacionamentos entre dois sujeitos, em vez de, como no passado, entre dono e objeto. Meu casamento não era igual aos casamentos da Índia medieval, em que minha esposa seria propriedade minha e o desejo dela seria irrelevante para minha satisfação. Tem um

ABERTO AO DESEJO

tom diferente, mais parecido com aquilo que os sábios indianos viam como adúltero. Éramos dois indivíduos com experiências subjetivas completamente diferentes e que nem sempre podiam estar juntos, mas que se entusiasmavam secretamente quando conseguiam se encontrar. Meu trabalho nessa época, minha yoga, era me lembrar disso. Tinha de diferenciar o desejo "faminto" do verdadeiro e ser paciente. Enquanto eu não pudesse tolerar minha frustração, estava destinado a repetir a experiência do enrolado de lagosta. Mas até eu poder apreciar o sabor da separação, mantinha a possibilidade do renascer da realização.

Conforme Kyra descobriu, e conforme eu precisava ser lembrado, a solidão que existe nos relacionamentos amorosos, o sabor da separação, é farinha para o pão na trilha do desejo. É o meio de aprofundar a compreensão do eu e a apreciação do outro, aquilo que a atual linguagem psicológica chama de *subjetividade*. O desejo aprofunda a subjetividade precisamente porque não pode ser satisfeito por completo. Ele nos deixa com nós mesmos e, ao mesmo tempo, assegura liberdade aos nossos amantes. A partir da perspectiva budista, é um resultado maravilhoso. O eu com o qual somos deixados é exatamente aquilo que Buddha quer que exploremos. Podemos pensar que esse eu é defeituoso, mas é fonte de tanto potencial quanto o amor que procuramos. Por mais que eu possa me aborrecer por isso, pude ver que o sabor da separação era o que mantinha a relação vital. Permitia um sabor que eu podia provar, um sabor que vinha tanto de dentro como de fora, um sabor que valia a pena cultivar: um sabor que fala da possibilidade de se trabalhar com criatividade junto ao desejo, em vez de se tornar viciado. Com certeza derrotou o enrolado de lagosta.

Notas

1. Otto Kernberg, *Love relations:* normality and pathology. New Haven: Yale University Press, 1995, p. 44.

2. Jack Kornfield, *A path with heart*. New York: Bantam, 1993.

CAPÍTULO 5

O olhar para trás

No *Ramayana*, cada um dos quatro personagens principais representa uma diferente face do desejo. Ravana é a encarnação do apego, ao qual agarra-se após o momento perfeito, objetificando seu amor com uma insistência permanente que termina por afastá-lo. Hanuman é a figura que está no limiar, aquela que se coloca entre cada um dos outros e que transforma o vão, o vazio entre o amante e o amado, mais tolerável. É a representação da vida interior que se desenvolve em resposta à limitação e à frustração. Sita é a voz pessoal que se desenvolve fora da vida interior. A tarefa dela é permanecer fiel aos seus anseios mais profundos. Rama, como encarnação de Deus, representa o desejo sem apego, mas até mesmo ele tem de se engajar numa grande batalha para descobrir sua verdadeira natureza.

A primeira grande tarefa da trilha do desejo, conforme exemplificado no *Ramayana*, é entrar por vontade própria no vazio trazido pelo desejo. A segunda tarefa importante é confrontar com honestidade as manifestações do apego quando elas surgem em todos os aspectos da vida. Não é o bastante compreender o problema intelectualmente ou buscar uma alternativa espiritual. Repetidas vezes o apego tem de ser identificado quando surge e visto de maneira clara como ele realmente é. Qualquer tentativa de justificá-lo deve ser confrontada. Na meditação clássica, busca-se fazer isso pela observação microscópica dos sentimentos e pensamentos momento a momento. Nesse micronível procura-se observar o apego conforme ele surge na mente. Se um sentimento agradável ou memória feliz surge, por exemplo, é sempre possível nos observar apegados ao sentimento ou à sua memória depois que ele acabou. Simplesmente não queremos que acabe. Podemos ver, nessa atividade, o traço ou reflexo de uma criança pequena que não quer que seus pais saiam. Se um sentimento ou pensamento desagradável surge, podemos observar uma tendência paralela: uma falta de vontade instintiva ou recusa de admitir o material em nossa consciência, até mesmo se não temos escolha. Somos como crianças que se recusam a olhar a babá nos olhos.

A trilha do desejo exige esse mesmo nível de autoanálise na nossa vida íntima e social. Apesar de a meditação clássica enfocar o nível micro, o Caminho da Esquerda se apoia no macro. Deve-se tentar capturar os obstáculos, chamados de "fixações" na filosofia budista, que reduzem o desejo ao nível do apego na nossa vida diária. Sob essa luz, a psicoterapia pode ser um recurso muito valioso, uma vez que seu campo observacional, ao contrário da meditação clássica, é o mundo do relacionamento humano. Conforme os terapeutas descobriram, tendemos a perseguir a satisfação, voltando-nos àquilo que nos foi dado no passado, em vez de aprendermos a trabalhar com a separação inerente ao processo de desejar. Drogas, álcool, sexo, comida, flertes, pornografia e jogo são apenas algumas das coisas que podemos nos apegar na tentativa de fugir do vazio que o desejo tende a abrir, mas essas são simplesmente as piores fixações. Em um nível emocional, as fixações que provocam o apego normalmente estão relacionadas com uma insistência de que a outra pessoa corresponda a todas as nossas expectativas.

Na psicologia budista, a causa-raiz da fixação é o fato de considerarmos a qualidade de "coisa" nas pessoas e nos objetos que, de acordo com o pensamento budista, não têm identidade inerente ou final. É a tendência da mente em se tornar obcecada por essa qualidade de "coisa", por ver fontes de prazer mais verdadeiras do que realmente são e por persegui-las com uma proliferação de pensamentos e sentimentos. No *Ramayana*, Ravana é a representação mais literal dessa tendência. Sua mente é obcecada pelo desejo de possuir Sita, um controle que é imaginado possível precisamente por causa da maneira como ele a objetifica. Mas essa concretização da realidade é um erro. As pessoas não são objetos, e, sob a ótica budista, nem mesmo os objetos são objetos. As pessoas e as coisas não existem em si nem são em si de nenhuma forma que perdure. São em última instância não-permanentes, não-substanciais e, se não formos muito cuidadosos, decepcionantes. Quando tentamos controlá-las para que satisfaçam às nossas necessidades, elas tendem a se rebelar.

O desejo, conforme vimos, nasce num lugar na não-completude. É uma reação natural à natureza humana. Ninguém, afinal de contas, é autossuficiente. Ao procurar a completude fora de nós mesmos, nos predispomos ao apego. Assumimos que todas as soluções estão no exterior, que se pudermos permanecer unidos *àquela pessoa* ou *àquela coisa* ficaremos completos e nossos problemas, resolvidos. Aristófanes, numa parábola citada por Platão e ressuscitada por Freud, assume que todos nós descendemos de ancestrais hermafroditas que foram cortados em dois por Zeus. Sempre à procura da nossa metade perdida, passamos nossas vidas tentando fazer nossa unidade perdida ressuscitar,[1] procurando pela completude ou união que poderia nos trazer de volta a nós mesmos. Essa é uma fantasia perigosa, pois confere poder além da realidade ao objeto do desejo, dando a ele a capacidade de prover uma satisfação que não faz parte da sua natureza. O caminho do desejo requer alguma coisa a mais (ou a menos) do que uma unidade imaginada com o amado.

Fantasmas Famintos

No mundo budista, esse desejo ardente por uma completude imaginada é retratado nos chamados Seis Reinos da Existência, um antigo método de conceituar a realidade psíquica por meio de um modelo muito instigante da mente oriental. Seis Reinos são com frequência os descritos visualmente na forma de um tema popular chamado a Roda da Vida ou Roda do Desejo. Usado inicialmente como um diagrama visual dos vários reinos, por meio dos quais um ser senciente pode nascer, a *mandala*, ou círculo, também é uma descrição penetrante de todas as formas por meio das quais a mente tenta lidar com o vazio que o desejo cria. É um mapa dos estados mentais pelos quais passamos conforme lutamos contra a insatisfação endêmica da nossa condição, uma descrição de todas as permutações possíveis do desejo. Um dos Seis Reinos é o dos Fantasmas Famintos, seres que estão em um estado crônico de privação e de desejo ardente, sempre buscando nutrição a qual não são capazes de digerir.

Os Fantasmas Famintos assombram os consultórios dos psicoterapeutas. Foram eles que ensinaram a Freud o sentido de *transferência*, o processo pelo qual os traumas de relações antigas e inacabadas são revividas em novos relacionamentos. Na cosmologia budista, os Fantasmas Famintos têm uma anatomia muito peculiar. Embora busquem nutrição, suas membranas mucosas são tão esticadas e finas que até mesmo o toque da água é doloroso às suas bocas e lábios. Eles me lembram de como eu me senti na Jamaica, quando o remédio que tomei para me ajudar a me sentir mais perto de minha esposa transformou minha pele em lixa. Os Fantasmas Famintos têm pescoços longos e magros e barrigas protuberantes, como as fotografias das crianças famintas que vemos nos jornais. O ato de engolir é extremamente doloroso.

O aspecto mais perturbador da psicologia do Fantasma Faminto é que nenhuma satisfação é possível. Suas tentativas de se satisfazer apenas os tornam mais famintos e sedentos. Quase sempre as pessoas procuram a psicoterapia sob pressão de um Fantasma Faminto. Apesar de parecer dolorosa, essa é uma oportunidade para se conseguir obter percepção intuitiva sobre a sabedoria latente do desejo. Esses cenários são sempre impulsionados pelo apego e, quando criam uma crise, torna-se possível aprender como relaxar à pressão desse apego.

Um paciente meu chamado Philip, por exemplo, advogado criminalista tremendamente bem-sucedido de quase 50 anos de idade, encontrou todos os tipos de tema para falar comigo antes de fazer emergir seu Fantasma Faminto. Philip era casado com uma mulher linda sobre quem ele sempre falava num tom de admiração. Eles tinham dois filhos e uma vida conjugal que parecia um verdadeiro tesouro. Mas quando Philip viajava a negócios, seu apetite sexual costumava ficar estimulado. Aquilo que começou com um filme ocasional para adultos num quarto de hotel se transformou, com os anos, numa investida mais profunda no mundo do sexo de aluguel.

Philip gostava de massagens eróticas quando estava fora de casa. Ele trabalhava com afinco em seus casos e, então, voltava ao hotel onde arranjava seus encontros clandestinos para tarde da noite. Durante muito tempo, acreditou que não havia nada que o envergonhasse nessa rotina. Não contava à esposa sobre isso, e não achava que a estava traindo. Homem pragmático, Philip via suas fugidas em termos pragmáticos. Trabalhava duro e precisava de um escape, e aquilo era muito melhor do que masturbação. Philip apreciava a sensualidade pura da massagem e descobriu que se tomasse um pouco de medicamento antes de ela começar, ele a aproveitava ainda mais. O Viagra permitia sua ereção aflorar sem que ele precisasse se preocupar com isso e conferia a ele um período picante de expectativa erótica enquanto esperava pela massagista.

O OLHAR PARA TRÁS

Ultimamente, em suas viagens de negócios, Philip começara a explorar rituais sadomasoquistas "inofensivos" com diversas jovens que pareciam felizes em satisfazer as fantasias dele em troca de seu dinheiro. Ele gostava particularmente de ter as mãos amarradas e ser obrigado a implorar, ou, nas palavras dele, "humilhar-se" pela atenção física de sua amante. Para Philip, um pouco de proibição parecia funcionar tão bem quanto o Viagra. Depois de um longo dia sendo responsável por tantas coisas, Philip achava muito libertador dar seu poder ao outro, sobretudo se o controle final fosse dele. Mas Philip estava ficando perturbado porque seu comportamento estava se tornando cada vez mais compulsivo. O que tinha começado como um "algo a mais" estava agora ocupando um espaço central em sua mente. Estava viajando mais e trabalhando menos, correndo de volta para o hotel para ter encontros cada vez mais longos. As situações que ele representava estavam se tornando mais complexas e demoradas. Ele acabou por se ligar a várias de suas parceiras sexuais, deixando-o preocupado com a possibilidade de que as pessoas começassem a falar a respeito e de que sua esposa descobrisse de alguma forma sobre suas atividades. Além disso, estava gastando muito dinheiro.

O objetivo da terapia de Philip, quando ele começou a discutir os detalhes das suas atividades sexuais extraconjugais, era, conforme confessou, curá-lo desse comportamento. Ele fez um retrato de si mesmo como sendo incapaz de reagir de maneira diferente quando tinha a oportunidade de satisfazer suas fantasias.

Apesar da sua culpa e dos seus medos, ele não podia resistir quando o momento se apresentava. Numa confissão muito comum às pessoas que estão lutando contra o apego, ele descobriu que quando abria um pouquinho a porta, inevitavelmente perdia o controle.

Minhas primeiras investigações tiveram a ver com o relacionamento sexual dele com a esposa. Outras coisas eram mais importantes, observou ele. Especialmente as crianças. O sexo com ela era bom, mas não excitante como os casos extraconjugais. Ele forneceu apenas uns poucos detalhes. Sua esposa relutava em fazer sexo oral quando ele pedia. Ela se distanciava rapidamente dele quando acabavam de fazer amor. Ela não tinha muito tempo disponível para o marido.

Perguntei o que aconteceria se ele trouxesse um pouco da atividade ilícita para seu relacionamento erótico com a esposa. "Por que essa divisão entre suas atividades longe dela e seu comportamento na sua presença?" Ela não se interessaria, ele tinha certeza

ABERTO AO DESEJO

disso. Pensaria que era imaturidade. Ele não queria se revelar a ela daquela outra forma. Aquela não era uma boa sugestão, ele estava certo sobre isso.

Frustrado, tomei outra direção. E se ele tentasse trazer mais autoconsciência durante aqueles momentos no hotel *antes* de fazer seu primeiro telefonema? Ele achava que se sentiria desamparado, mas talvez pudesse encontrar recursos para reagir de forma diferente quando estivesse frente a tanta liberdade e tanta solidão. Será que ele podia prestar atenção à sua experiência emocional naqueles momentos? Isso se tratava apenas de desejo físico que ele estava tentando satisfazer, ou haveria outro tipo de desejo ardente o qual podia perceber e, talvez, conseguir satisfazê-lo de um modo diferente? Achei que, talvez, o comportamento de Philip estivesse mascarando algum tipo de necessidade emocional da qual estava relativamente inconsciente, quem sabe uma dificuldade sobre si mesmo. É provável que ele pudesse descobrir algo ao se aproximar do comportamento, mas permanecendo com a necessidade, em vez de correr para satisfazê-la. Philip gostou dessa sugestão mais do que a outra. Ela partiu de um interesse comum pela meditação e exigia que ele tivesse consciência em ocasiões fora da meditação. No entanto, isso também não ajudou. Philip não encontrou nada mais interessante nesses momentos além da excitação e do desejo. Ainda se viu sem poder resistir.

Devo observar que o tormento de Philip estimulou uma resposta em mim que não correspondia à instância comum de um terapeuta psicodinâmico. Ele era um homem prático e estava procurando respostas práticas em mim, uma busca mais próxima da linha de um terapeuta cognitivo ou comportamental. Não queria "perder tempo" com terapia, e eu acabei sendo levado pelo seu objetivo. Nunca explorei sua raiva com relação à esposa, ou como sua frustração e decepção com ela influíam nas suas atividades sexuais extraconjugais. Nem conversamos sobre sua extrema necessidade de afirmação e atenção, sua dificuldade de ficar sozinho, sentindo algum tipo de estímulo sexual para alimentá-lo ou confortá-lo. Em vez disso, tentei ajudá-lo a encontrar meios de atingir sua meta, ao mesmo tempo em que respeitava quaisquer que fossem suas escolhas sexuais. Entretanto, nenhum desses esforços trouxe frutos. Philip parou de vir ao consultório e aos poucos desapareceu da minha consciência.

Algum tempo depois, sem mais nem menos recebi um telefonema dele. Queria me contar, disse-me, que tinha tido uma entrevista com uma professora espiritual da Índia que visitava o país. Falou a ela sobre seus problemas, e ela o instruiu a interromper completamente esse comportamento. Sem pornografia, sem massagem, sem relacionamentos extraconjugais. Pediu que ele fizesse um voto semelhante ao que no hinduísmo é chamado de *brahmacharya*, ou celibato, e que restringisse sua vida sexual ao relacionamento com sua esposa. Ele concordou e estava maravilhado com o alívio que sentia. Em vez de se submeter à sua *dominatrix*, Philip tinha se submetido à sua guru. Parece que ele conseguiu quebrar o ciclo de desejo sexual, culpa e autodesgosto que fez com que ele me procurasse antes. Enquanto me perguntava se minhas sugestões práticas tinham se distanciado demais da neutralidade terapêutica, o que aconteceu foi que minhas sugestões não tinham sido práticas o bastante! Philip precisava que dissessem a ele para parar e estava pronto para receber esse tipo de conselho.

Não tenho meios de saber se Philip sustentou sua transformação, ou se ela durou pouco. Nunca mais soube dele. Com certeza há muitas histórias sobre pessoas que fazem esses votos, como as tentativas adolescentes de parar de se masturbar, só para sucumbir repetidas vezes. Muitos terapeutas, creio, suspeitariam de uma história como a de Philip. Mas havia alguma coisa no seu tom que me fez parar. Ele parecia alguém que encontrou ajuda em alcoólicos anônimos depois de tentar várias outras formas de parar de beber. O voto de abstinência diário, sustentado por uma motivação ética e, no caso do programa dos 12 Passos, o apoio compartilhado de uma comunidade, pode conter efetivamente os obsessivos sem saída que sabemos serem viciados. Parece que essa foi a melhor alternativa para que Philip conseguisse algum domínio em sua mente sobre a atividade compulsiva que suas aventuras sexuais acabaram se tornando.

Abstinência

Outra paciente, uma talentosa dançarina de 29 anos chamada Juliet, veio me ver no meio de um caso com o homem que havia coreografado seu último espetáculo. Ele era um diretor respeitado, um homem bem relacionado no mundo da dança e do teatro a quem ela admirava muito e uma pessoa com quem ela já estava nutrindo fantasias sobre compartilhar sua vida. Tendo trabalhado tão intimamente juntos na sua última apresentação, compartiam uma estética que teve reverberações imediatas e positivas quando dormiram juntos. No sexo com ele, ela era explorada e tocada de uma forma que alcançava sua alma, mas ele não estava ligando para ela depois de terem dormido juntos. Semanas tinham passado, e ele já havia quebrado várias promessas sobre a próxima vez que se encontrariam. Ela estava confusa com seu desaparecimento e buscava explicações.

Esse padrão continuou no ano seguinte. Breves encontros seguidos de longos períodos de silêncio. Horas de terapia gastas tentando ver sentido na natureza contraditória do relacionamento. A fé no poder do amor de superar todos os obstáculos sendo lentamente erodida. Uma percepção emergente de que ele devia ter problemas com álcool. Como aconteceu com Philip, a maioria das minhas tentativas de mudar a perspectiva de Juliet não deu em nada. Ela teve grande dificuldade para aceitar que seu amante não valorizava sua ligação tanto quanto ela. Era confuso para nós dois, porque eu não sentia que ela estava exagerando sobre o quanto o relacionamento entre eles era intenso.

Juliet não teve tanta pressa de terminar a terapia quanto Philip, e nossas conversas levaram a interessantes discussões sobre os problemas de limites entre ela e seu pai quando ela era jovem e a subsequente aversão que ela veio a sentir dele e dos sentimentos de dependência de qualquer homem. Ao que parece, essa aversão parecia levá-la a ter relacionamentos com homens como o diretor, os quais se esquivavam dela com frequência. Esses namorados conservavam seu poder de atração e seus mistérios, mas nunca se faziam vulneráveis demais. No entanto, isso deixava Juliet desejando uma reciprocidade que nunca acontecia.

Minha intervenção mais eficiente veio uma tarde quando revelei, de súbito: "ele não ama você. É assim que *você* trataria alguém a quem ama?" Nós dois nos surpreendemos. É raro um terapeuta ser tão claro, mas eu confiava nela para me permitir dizer isso. Como eu poderia realmente saber se ele a amava ou não? Será que eu não estava ultrapassando meus limites?

Não obstante, Juliet teve uma reação semelhante à resposta de Philip à sua guru. Não aconteceu de imediato, mas ela trouxe novamente minha resposta algumas semanas depois. "Fico ouvindo você dizer que ele não me ama, e isso me faz rir", disse, chorosa. "Você parece ter tanta certeza". De alguma forma, minha reação permitiu que Juliet tivesse um pouco mais de flexibilidade. Em vez de um caso amoroso, o relacionamento começou a parecer um vício para ela.

O OLHAR PARA TRÁS

Tornou-se tão preocupada que sua energia vital ficou completamente monopolizada. Sua devoção ao amante era inspiradora, mas não seu julgamento. Sua única escolha, ela percebeu, era renunciá-lo.

Na psicanálise, a causa-raiz do desejo insaciável dos Fantasmas Famintos é normalmente entendida a partir de uma base mais psicológica do que a visão do mundo budista. Traumas muito antigos, seja na forma de intrusão ou de abandono dos pais, estabelece uma necessidade de se viver um relacionamento que nunca poderá existir, pois faz, simultaneamente, as pessoas reproduzirem seus relacionamentos traumáticos, revivendo-os continuamente em diferentes interações com seus amantes, professores, terapeutas e amigos. Quando o relacionamento inicial com os pais *não foi* traumático, o que se desenvolve é uma capacidade de apego que abre espaço para a separação. Essa interação não-traumática é chamada pelo terapeuta infantil britânico D.W. Winnicott de "ambiente facilitado". O que o ambiente facilita é a habilidade de superar a decepção, algo que a meditação provê: uma segunda chance de consolidação.

Mas os Fantasmas Famintos não atingiram esse estágio de desenvolvimento. São motivados por uma privação que, em muitos casos, não foi aceita, nem metabolizada. Tendem a se sentir cheios de defeitos, a pensar que não merecem amor, que são, conforme um dos meus pacientes colocou recentemente, "sub-humanos". Como as crianças costumam fazer, dão um peso muito grande ao que estão sentindo, culpando-se, em vez de compreender que as raízes de seus sentimentos dolorosos estão no trauma que já aconteceu. Em lugar de realmente experimentar a dor de sua solidão infantil, buscam obsessivamente alimento em pessoas que podem apenas decepcionar, repetindo o trauma em vez de superá-lo. É por isso que a renúncia é tão importante no Reino dos Fantasmas Famintos, o motivo pelo qual foi a única intervenção que funcionou para Philip e Juliet. A renúncia do apego é o primeiro passo em viver o luto pela dor do passado, o pré-requisito para o perdão e para um desejo mais livre.

Na Roda da Vida, esse conhecimento é encerrado na forma do Bodhisattva da Compaixão, que aparece como uma figura diminuta em cada um dos reinos vestindo uma roupa diferente, símbolo da compreensão necessária para libertar-se das amarras de uma fixação em particular. No Reino dos Fantasmas Famintos, ele usa as vestes do renunciador, trazendo objetos que simbolizam nutrição espiritual. Ele sabe algo que a psicanálise também descobriu: a satisfação que o Fantasma Faminto procura não pode ser encontrada na forma na

ABERTO AO DESEJO

qual ele a imagina. Apenas quando aquele impulso é esquecido, pode-se começar o verdadeiro trabalho.

O desejo do autoconhecimento de forma mais profunda tem sua raiz quase sempre no sentimento de nunca ter sido conhecido. Não é um fenômeno novo, nem se restringe à moderna estrutura nuclear da família. Lembro-me de uma história sobre a vida de Buddha que sempre me interessou. Já em seu tempo, há 2.500 anos, os relacionamentos entre os pais e filhos eram problemáticos. Depois de sua iluminação e após muitos anos de viagens e ensinamentos, Buddha voltou à sua cidade natal, Kapilavatthu, onde seria recepcionado pelo seu pai, seus tios e primos. Vale notar que ele demorou vários anos para voltar à cidade onde passou sua juventude. Talvez precisasse de algum tempo para confrontar seu passado. Famosos pelo orgulho e limitados pelas regras de interação que proibiam os mais velhos de homenagear os membros mais jovens da família, seus parentes não estavam dispostos a homenageá-lo.

"Quem ele pensa que é?", imagino-os pensando. "Um Buddha?"

Em vez de ficar bravo, Buddha criou um tipo de show de fogos de artifício. Como muitos dos meus pacientes que lutam contra o sentimento de nunca ter sido visto, ele também precisava impressionar. Em um evento chamado a Maravilha Gêmea,[2] ele, de repente, irradiou jatos de fogo e água por todos os seus membros. Precisou de um milagre para que seus parentes lhe dessem atenção. Mesmo assim, seu pai ainda foi criticado pelo clã por ter se curvado a Buddha após esse espetáculo. Naquela época, julgava-se não ser adequado que um pai se curvasse diante do filho.

"Não me curvo diante de meu filho, mas do Senhor dos deuses e humanos", dizem que ele respondeu, tentando justificar suas ações ao resto dos homens do clã.

Na reconciliação que se seguiu, o pai de Buddha, o rei Shuddhodhana, fez um pedido ao filho. Ele tomou a abertura criada pela demonstração mágica e a usou para expressar alguns dos seus sentimentos presos há muito. Tinha sido doloroso perder seu filho para o Dharma, confessou o rei, e agora ele estava para perder o neto e vários outros do clã, os quais, inspirados pela visita de Buddha, o acompanhariam. Será que Buddha não poderia fazer uma regra exigindo o consentimento dos pais antes de se unir à comunidade de monges? Buddha concordou. Ele não queria que a ordem se tornasse um veículo de rebelião adolescente, outra manifestação do apego que ele buscava desfazer.

O OLHAR PARA TRÁS

Apesar de podermos pensar que a estratégia de renúncia tem sua raiz nas tradições espirituais das principais religiões do mundo, ela também é fundamental para o sucesso de qualquer forma de psicoterapia. Não é possível que haja tratamento sem uma carga extraordinária de abstinência da parte tanto do terapeuta como do paciente. Essa é uma das formas por meio das quais a psicoterapia funciona como um degrau que leva ao Caminho da Esquerda. O terapeuta, ao não deixar ceder à tentação, mas sem rejeitar os infindáveis desejos dos Fantasmas Famintos, modelam uma nova abordagem ao desejo. Ao examinar esses desejos no espaço livre de julgamento do encontro terapêutico, o terapeuta encoraja uma renúncia não do desejo em si, mas do apego que o obscurece. Apesar da necessidade de Buddha impressionar seu clã, essa capacidade de renunciar ao apego é, sob a perspectiva budista, um grande milagre.

Notas

1. Veja, por exemplo, Jonathan Lear, *Love and its place in nature*. New Haven: Yale University Press, 1990, p. 149.

2. Bikkhu Nanamoli, *The life of the Buddha according to the Pali Canon*. Kany, Sri Lanka, 1972-1992, p. 77.

Capítulo 6

Renúncia

Em uma recente discussão entre psicólogos ocidentais sobre como lidar com emoções destrutivas como raiva, cobiça e inveja, um dos participantes perguntou ao Dalai Lama se havia quaisquer emoções as quais ele julgava serem capazes de preservar ou reforçar a calma mental que ele julgava ser tão importante – e tão em falta – no mundo atual. A pergunta foi provocada até certo ponto pela frustração. A forma como o Dalai Lama estivera falando sobre experiência emocional fazia parecer que ele via todas as emoções como aflições. Isso era confuso para muitos dos participantes ocidentais, os quais tendiam mais que seus pares tibetanos a valorizar suas vidas emocionais. O Dalai Lama podia mencionar algum aspecto positivo da vida emocional?

A resposta dele foi interessante.

"Renúncia", respondeu, é uma emoção que pode contribuir para a paz de espírito. "É o primeiro passo para determinarmos realmente, completamente, o quanto somos vulneráveis ao sofrimento. Se compreendermos o quanto somos tão profundamente vulneráveis e reconhecermos que essas aflições mentais nos fazem tão vulneráveis, então poderemos ver a possibilidade de a mente se livrar dessas aflições mentais."

Foi difícil para os ocidentais que estavam no encontro conceber a renúncia como uma emoção, até que o tradutor do Dalai Lama, um estudioso chamado Alan Wallace, fez um esclarecimento etimológico. A palavra tibetana que o Dalai Lama usava para descrever a "emoção" da renúncia podia mais literalmente ser traduzida como "espírito de emergência". Em vez de a renúncia ser algo que impomos a nós mesmos, conforme a mente ocidental, baseada no protestantismo e no superego freudiano, tende a conceber, pode ser algo que emerge da nossa autoconsciência. O Dalai Lama descreveu isso em detalhes para os ouvintes.

"Você está reconhecendo a natureza do sofrimento, mas também percebe a possibilidade de emergir dessa vulnerabilidade presente no sofrimento – é por isso que é chamada de espírito de emergência. O espírito de emergência pode ser chamado de emoção, há um enorme conteúdo emocional nele. Ele pressupõe uma desilusão radical com todo o *samsara*. E assim, chame você de desgosto ou de desilusão, é uma tristeza profunda com relação ao mundano. Isso é tudo, teoricamente, em expectativa de assegurar a possibilidade do nirvana – liberdade completa e irreversível das aflições mentais."[1]

No comentário do Dalai Lama, podemos ouvir o eco das Quatro Nobres Verdades de Buddha e da sabedoria codificada na mandala tibetana da Roda da Vida. Podemos também ouvir o sussurro do desejo. As duas primeiras tarefas críticas do Caminho da Esquerda se revelam na sua explicação: a vontade de encarar o vazio que o desejo cria – aquilo que o Dalai Lama chamou de "natureza do sofrimento" – e a capacidade de ver o apego que resulta – o que ele chamou de "tristeza com relação ao mundano".

Dessas percepções intuitivas surge um sentimento, não de resignação ou de depressão (como poderíamos esperar), mas de esperança. Uma nova emoção, no léxico do Dalai Lama, pode ser encontrada.

Um espírito de emergência

Essa é a terceira tarefa crítica do Caminho da Esquerda: a renúncia não precisa significar um distanciamento do desejo, mas apenas um abandono das consequências criadas pelo apego. Na formulação do Dalai Lama, há uma visão diferente da renúncia do que aquela autopunitiva que vem à mente quando o conceito é evocado.

No uso que ele faz do termo "desilusão", há traços daquilo que nós no Ocidente chamaríamos de maneira mais clara de "estar de luto", ou de "estar pesaroso". A tristeza profunda que o Dalai Lama se referiu é um desgaste com relação à impossibilidade de se satisfazer as exigências do desejo. Quantas coisas precisamos comprar, quantas experiências sexuais temos de ter, quanta comida precisamos ingerir antes de admitir que não estamos conseguindo aquilo que buscamos? Em termos psicológicos, poderíamos dizer que todo esse desejo está preso na vã tentativa de ter aquilo que nunca tivemos quando éramos crianças e que não podemos sequer saber onde nosso desejo pode, de fato, nos levar. Mas a renúncia que o Dalai Lama antevê é mais do que apenas uma renúncia do passado, também é uma renúncia de toda uma abordagem à vida, a qual visa se completar pelo consumo. Nessa abordagem, o eu é visto competindo com todo e qualquer outro eu pelos parcos recursos necessários para a sobrevivência. Chamamos isso de abordagem darwiniana, na qual a sobrevivência do mais apto é a tendência principal da mente. A renúncia que emerge quando começamos a reconhecer as limitações dessa tendência permite o crescimento da empatia e da compaixão. Há uma estranha sensação de não ser mais o centro do universo.

Outro dia, vi um exemplo disso no meu consultório. Uma mulher a qual eu estava atendendo durante muitos anos precisava falar comigo. Uma ex-artista que agora gerenciava a própria empresa de relações públicas, Bonnie trabalhava muito em função das exigências da sua vida profissional em expansão. Divorciada e com quase 50 anos, tinha uma tendência a uma raiva vinda da autopiedade que entrava em erupção sempre que ela se sentia enganada, fosse por um parceiro nos negócios, empregado, parente ou amante. Era uma tendência que eu havia notado durante anos, mas que nunca fui capaz de fazer muito a respeito. Tinha a tendência de simpatizar com ela nesses momentos, uma vez que ela estava, em geral, certa sobre se sentir um pouco usada, manipulada ou maltratada, mas minha simpatia sempre funcionava um pouco como curativos que nunca confrontavam os temas mais profundos, quaisquer que pudessem ser. No meio de uma história sobre um empregado que tinha saído recentemente de sua empresa por conta de um emprego melhor, brigando com Bonnie e a deixando em dificuldade, eu registrei, de súbito, uma qualidade "nomeada" na sua raiva que nunca tinha enfocado antes. Ela estava soltando os cachorros. Minha observação a essa qualidade trouxe uma mudança no humor de Bonnie. Em lugar do que estava começando a parecer uma arenga de autopiedade, Bonnie começou a falar sobre como a qualidade que eu observava tinha uma origem muito distante:

"É isso que me faz comer compulsivamente", disse ela, no que pareceu em primeiro lugar como um tipo de *non sequitur*, isto é, um argumento cujas conclusões não seguem as premissas: "e não cuidar de mim muito bem. Às vezes eu só fecho a porta para tudo e para todos e como até ficar enjoada".

Apesar de Bonnie ter me contado uma ou duas histórias sobre estar no quarto de hotel em viagens de negócios e comer os doces do frigobar, nunca tinha me contado sobre como usava a comida para tentar administrar seus sentimentos. Conforme ela começou a contar sobre isso, lembrou-se da infância.

"Posso me lembrar quando esse sentimento surgiu pela primeira vez", disse-me. "Já contei a você antes. Eu estava sentada na escada, fora do quarto da minha mãe. Minha mãe vestia o que ela chamava de 'robe franciscano', um roupão de banho marrom amarrado com um cordão, e estava deitada na cama com os braços cruzados sobre o peito. Ficou deitada durante dias".

A mãe de Bonnie tinha tendência à depressão e tentara se matar diversas vezes. Às vezes passava dias sem sair do quarto, deixando Bonnie do lado de fora a pensar se tinha feito algo para magoar a mãe. Conversamos pela primeira vez sobre a privação que Bonnie enfrentou, sobre sua tristeza e raiva submersa e sobre os sentimentos de perda que inevitavelmente acompanham essa privação. Bonnie podia se lembrar de "fechar a porta" para o sentimento de privação, inventando histórias sobre o quanto era feliz com uma família para apresentar ao mundo exterior, cultivando uma persona alegre que lhe garantia muito sucesso profissional. Mas Bonnie também tinha consciência, em nossa discussão, do quanto ela sempre quis se livrar desses sentimentos ruins, do quanto quis erradicar a privação que entrou tão fundo em sua experiência. Durante muitos anos ela ansiou por um relacionamento que removesse esses sentimentos, mas isso não funcionou para ela. Agora ela comia em segredo (atrás de portas fechadas) numa tentativa semelhante para banir ou sobrepujar a privação.

Pude ver que Bonnie estava fazendo algo muito próximo daquilo que Buddha havia prevenido 2.500 anos atrás. Num esforço para evitar a dor da sua realidade, Bonnie estava recorrendo a uma das fixações do desejo. Em vez de ver sua situação claramente e de processar os traumas que se abateram sobre ela, Bonnie estava sucumbindo à sedução do desejo. Cada uma de suas tentativas de lidar com seu estado emocional envolvia tentar, de um jeito ou de outro, reprimir desejos desconfortáveis. Quando era jovem, Bonnie simplesmente suprimiu sua dor – mais tarde em sua vida, ela tentou afogá-la com comida ou relacionamentos. Uma abordagem que ela ainda não tinha tentado era a budista. Tendo se conscientizado da relação entre comer e o seu trauma emocional ainda não trabalhado, Bonnie estava agora às portas de ser capaz de renunciar seu comportamento autodestrutivo a partir da autocompreensão, em vez da autopunição. Essa é a distinção crucial que o Dalai Lama estava desenvolvendo com os terapeutas ocidentais: quando a renúncia deriva da autoconsciência, sua função não é amortecer o desejo, mas liberá-lo.

Para Bonnie, o desejo sempre tinha sido relacionado ao querer algo que ela nunca teve o bastante, uma compulsão em busca de completude. Ao reconhecer sua dor e ao renunciar suas tentativas de eliminá-la, Bonnie mudou uma dinâmica antiga na qual ela sempre estava pesando o quanto ela dava contra o quanto recebia. Ela parou de lutar contra seus sentimentos de não estar completa. Ao se liberar desse peso, a amargura de Bonnie começou a desaparecer. Em seu lugar, surgiu um tipo de cuidado simples, uma generosidade além de tudo que ela jamais soubera.

Tapas e *Kama*

Essa compreensão do inter-relacionamento da abstinência, ou renúncia, e da empatia tem um fundamento muito claro na tradição espiritual indiana. A restrição das ações provocadas pelo apego permite que o desejo funcione de uma forma nova. A restrição causa uma reestruturação da experiência subjetiva. Em lugar de buscar compulsivamente satisfação que só irá trazer decepção, a restrição faz com que as pessoas se aproximem das suas vulnerabilidades emocionais. Conforme o Dalai Lama observou, isso pode ser triste, mas em última instância é um alívio.

O mundo da psicanálise também tem uma tradição que reconhece a inter-relação entre a renúncia e o desejo. Há uma visão na psicoterapia, derivada da obra de D.W. Winnicott, de que o centro de cada pessoa é um *elemento incomunicável*, um isolamento impossível de se atingir, uma matriz de experiências emocionais que nunca poderá ser totalmente expressa. A descrição de Winnicott do elemento incomunicável é tocante por causa da maneira pela qual ele o vê como sagrado. Na psicanálise, dizer que alguma coisa é sagrada é virtualmente tabu. Mas Winnicott reconheceu aquilo

ABERTO AO DESEJO

que quase sempre acontece com criança, como a minha paciente Bonnie. Afastadas de si mesmos por causa dos traumas ocorridos no início de suas vidas, aprendem a vestir uma máscara a fim de lidar com as exigências de seu mundo. Fazem isso para sobreviver, mas perdem contato com o vasto e vulnerável potencial que possuem. Ser afastado de si mesmo dessa forma equivale a montar o cenário do apego, conforme exemplificado pelos Fantasmas Famintos. Bonnie não sabia que estava afastada de si mesma, apenas não se sentia bem. Queria se sentir melhor e recorria a qualquer coisa que passasse pela sua mente: comida, relacionamentos ou terapia. Mas Winnicott, nos seus escritos sobre a sacralidade do elemento incomunicável, sabia algo que o Dalai Lama e toda a tradição espiritual indiana também compreendem: para se sentir melhor, ela tinha de aprender a entrar em si.

Às vezes, a sutileza da renúncia exigida pelo caminho do desejo pode ser surpreendente. As ações provocadas pelo apego nem sempre tomam a forma de comportamentos viciados – são quase sempre restritas a pensamentos compulsivos. No entanto, as consequências são as mesmas – uma pessoa assim afligida é algemada por essas reações. O desejo é tão restrito que o espírito de emergência não pode nascer.

Uma das minhas pacientes, uma pintora de trinta e poucos anos chamada Amanda, descobriu uma versão dessa verdade em um recente retiro de meditação. Amanda era uma dedicada aluna de yoga com facilidade para meditar. Podia sentar-se serenamente na sala de meditação durante horas sem se mover e mostrava uma graça que fazia inveja a muitos de seus colegas. Nesse retiro, um exercício silencioso budista de atenção, no qual se esforça para prestar atenção em qualquer coisa que esteja acontecendo na mente e no corpo durante o dia inteiro no estilo ensinado originalmente por Buddha, Amanda aprendeu a técnica de anotar, ou rotular, tudo aquilo de que estava consciente. Quando inspirava, dizia "inspirar" para ela mesma, quando expirava, dizia "expirar". Quando o desconforto surgia, dizia "dor", e quando a irritação surgia, observava: "raiva". Essa é a forma tradicional de se praticar a *vipassana*, ou meditação de "percepção", e, como quase sempre acontece, depois de vários dias, a mente de Amanda se tornou muito mais calma e cheia de paz. Começou a ter longas, extensas e prazerosas fantasias sobre se apaixonar, constituir uma família e estar com um homem de quem gostasse, e passou muitas horas da meditação imersa nesses pensamentos. Uma calma alegria permeou seu ser durante esse tempo.

Como é costume nesses retiros, a cada dois dias, Amanda se reunia com um dos professores para uma entrevista de 10 ou 15 minutos. Em uma dessas sessões, com o professor Joseph Goldstein, Amanda devia descrever o conteúdo, momento a momento, de uma meditação recente. Ela contou a Joseph, com um toque de orgulho, as fantasias que estava tendo, esperando que ele a elogiasse pelo estado de mente amoroso que ela tinha descoberto.

"Você sabe qual é o rótulo disso?", perguntou ele.

Ela sacudiu a cabeça em silêncio.

"Beco sem saída", respondeu ele.

Amanda ficou chocada com a intervenção de Joseph. Achara que sua meditação estava progredindo bem. Mas Joseph certamente viu o quanto as fantasias de Amanda estavam evitando que ela ficasse atenta. Talvez ele sentisse o quanto ela estava usando sua fantasia para evitar se ligar a alguma coisa mais pessoal, algo semelhante ao elemento incomunicável de Winnicott. Ao ficar fantasiando a maior parte do tempo, Amanda estava evitando deixar-se cair num espaço psíquico menos proscrito. Quem sabe *o que* ela poderia descobrir ao abrir mão daquilo que já conhecia? A mensagem de "beco sem saída" de Joseph era respaldada por outro ensinamento do Caminho da Esquerda. Ele não estava tentando fazer Amanda renunciar ao seu desejo, apenas a abandonar as fixações compulsivas que haviam sequestrado sua consciência. De acordo com o caminho do desejo, renunciar essas fixações abre o desejo, em vez de extingui-lo.

No pensamento indiano, o deus que incorpora mais diretamente esse conhecimento é Shiva. Senhor dos Animais e deus da destruição, Shiva é tanto um renunciador consumado como uma força erótica insuperável. Ele é conhecido pelo seu falo perpetuamente ereto, seu *lingam* de luz, o qual ameaça destruir o mundo a não ser que esteja unido à *yoni*, ou vulva, da sua amante. Mas ele também é um habitante das florestas, está em casa nos crematórios, o protótipo do asceta errante: o corpo untado com cinzas, envolto em peles e cobras, sem educação ou decoro, um bebedor de veneno de três olhos conhecido como Senhor das Lágrimas.

Shiva é um deus antigo. Uma imagem sua de quatro mil anos, sobrevivente da civilização perdida do Vale do Indo, retrata-o sentado na posição de lótus cercado de animais, coroado com os chifres de

ABERTO AO DESEJO

um touro e exibindo uma enorme ereção. Muitos acreditam que seu culto date do sexto milênio a.C. e que sua influência pode ser vista em todo o mundo antigo, da Índia ao Egito; da Suméria à Creta. Shiva é tanto um amante como um yogue. Quando acionada, sua capacidade erótica é tão infinita quanto sua meditação pode ser. Isso faz dele uma divindade muito interessante. O deus grego Zeus, com seu poder destrutivo dos raios e apetite sexual insaciável, é uma versão satanizada de Shiva. Ele incorpora a inter-relação entre a renúncia e o desejo, entre o ascetismo e o erotismo e entre a destruição e a paixão, que são aspectos inextricáveis do pensamento indiano. Sua complexidade é algo que o psicanalista mais sofisticado pode apreciar.

Shiva cultiva uma substância chamada *tapas*, o calor do asceticismo, algo como uma *libido* freudiana alternativa, que se diz acumular por meio do poder da yoga e da meditação. Esse calor, derivado da preservação dos sentidos, inflama a mente do yogue e a ela confere ressonância. Era esse calor que Joseph encorajava em Amanda. Diz-se que aqueles que executam austeridades, que não buscam deliberadamente o prazer, estão "executando *tapas*". E apesar de parecer que o acúmulo de *tapas* é o oposto da satisfação do desejo, no pensamento indiano definitivamente esse não é o caso. "O extremo de uma força é o extremo do seu oposto; *tapas* e *kama*, forças trocáveis de calor cósmico, substituem-se e limitam-se para manter o equilíbrio do universo".[2] Tanto desejo como *tapas* são formas de calor que podem ser substituídas uma pela outra. São como brasas que acendem o fogo uma da outra.

Esse é um conceito muito estranho, mas constitui o fundamento da espiritualidade indiana. É desenvolvido no antigo mito de Shiva e surge novamente no Caminho da Esquerda. Pode ser compreendido mais rapidamente na famosa história da destruição de Eros por Shiva. Conta-se que Shiva era um yogue tão disciplinado e tinha acumulado tanto *tapas* que quando Kama, o deus da paixão, perturbou sua meditação certo dia, Shiva o reduziu a cinzas com um único olhar raivoso do seu terceiro olho. Foi como se um raio tivesse saído de sua testa, obliterando o deus e suas cinco flechas de flores. Mas sem Eros, dizem, o mundo não consegue sobreviver. Persuadido disso pelos outros deuses, Shiva, com outro olhar, reviveu Kama dos mortos.

A morte de Kama é um dos mais conhecidos atos de Shiva, mas a ressurreição de Kama é um feito ainda mais surpreendente. Shiva tinha o poder, acumulado por anos de austeridade, de incendiar

112

RENÚNCIA

Eros com um olhar, poder de dispersar, diz-se, o desejo em flores, mangas, cucos e abelhas. Sua meditação era tão poderosa, seu desdém pelo mundo tão grande, que podia incinerar Eros com um mero gesto. Ele era a condição *sine qua non* dos ascetas. No entanto, quando Shiva assegurou seu poder e reduziu Kama a cinzas, viu que o desequilíbrio resultante não era sustentável. Como resultado, após a ressurreição de Kama, Shiva emergiu de sua meditação e abraçou sua amante, Parvati. Começaram um ato sexual que durou mil anos, a bem-aventurança que se igualava àquela que ele encontrava em sua yoga. O prazer dos amantes, conta-se, *era* o estado divino e foi possibilitado pelo calor do *tapas* de ambos. Conforme Shiva e Parvati deixam bem claro, meditação e paixão, ao menos no caso deles, eram dois lados da mesma moeda.

As praias do infinito

A história de Shiva é relevante com relação à observação do Dalai Lama sobre a renúncia, pois indica, de outro modo, que a retirada do mundo durante a meditação não é feita na tentativa de se eliminar o desejo, mas apenas para aprofundá-lo. Ao abandonar voluntariamente padrões compulsivos de pensamento e comportamento, os quais buscam de forma contínua e fútil satisfazer as necessidades não satisfeitas, é possível se abrir outros caminhos que levam a uma maior realização. Se as pessoas nunca se sentiram amadas ou aceitas por seus pais, por exemplo, tenderão a se ver em relacionamentos íntimos nos quais continuam a não se sentir amadas. Poderão se empenhar e se esforçar ainda mais para conseguirem ser amadas, mas continuarão sentindo secretamente que há algo errado com elas. A renúncia pode ser o ingrediente que falta, quando padrões como esses predominam. Demanda força de vontade para se criar circunstâncias nas quais alguma coisa nova possa surgir.

Fui lembrado disso não faz muito tempo, ao ouvir um professor tibetano num retiro de meditação na zona rural do Estado de Connecticut.

"A primeira vez que vim a este país", contou o Lama, "pensei, 'essa devia ser a maneira como as crianças são criadas em todo o mundo'. Tão bem cuidadas, tão amadas, recebendo tanta atenção". No meio da sua fala sobre o Dharma, ele, de repente, estava falando

ABERTO AO DESEJO

de maneira muito pessoal. Estava explicando alguns dos melhores pontos do que ele chamava de "consciência nua", a capacidade da mente de ver profundamente a própria essência. Estávamos no retiro, em Litchfield, Connecticut – cerca de 70 pessoas, praticando juntas em silêncio, aprendendo uma antiga yoga meditativa chamada "A Grande Perfeição". Mas como um veleiro muda de direção para se manter no curso maior, o Lama estava trilhando um caminho diferente. Imitando a expressão de um pai-coruja, o Lama passou a fazer uma estranha imitação. "Aqui, querido, experimente um pouquinho. Está tudo bem?" Inclinando-se para frente, com seus ombros arqueados sobre uma criança imaginária, ele pareceu por um momento uma mãe-passarinho pousando em seu ninho.

Perdido em pensamento, fui tirado de meu estado meditativo pela imitação do Lama, e minha atenção ficou muito focada. "Não é como no Nepal ou no Tibete", continuou ele. "Se uma criança faz algo errado, ela simplesmente apanha. Deixe-a no canto chorando, não importa. Tratada dessa forma, às vezes a criança fica um pouco tola, para de se importar com as coisas. Isso não é bom. Mas, então, descobri que, aqui, todos odeiam seus pais. Os relacionamentos são tão difíceis. No Nepal, isso não acontece. Não consigo entender isso muito bem."

Tão rapidamente quanto trouxera o assunto à tona, ele o abandonou. Fiquei me perguntando se tinha mesmo entendido corretamente o que ele dissera. Em geral, os mestres tibetanos falam apenas sobre o quanto as mães são *especiais*, sobre como sua bondade nos permite, enquanto criancinhas completamente desamparadas, a sobreviver. É o tipo de ensinamento que nós ocidentais sempre achamos revigorante. Embora um tanto intimidador, pois temos ignorado esses aspectos básicos do relacionamento entre mãe e filho e os trocado por outros mais conflitantes. Em uma série infinita de múltiplas vidas, sustenta o argumento tibetano tradicional, todos os seres foram, de fato, nossas mães, e podemos cultivar bondade para com eles ao imaginar seu sacrifício anterior por nós. Mas ali estava um Lama que, apesar de brevemente, reconheceu nosso relacionamento mais difícil com nossos pais atuais. Ele parecia tão espantado pelas nossas dificuldades quanto eu, quando ouvi pela primeira vez sobre a meditação onde todos os seres são considerados mães. Fiquei intrigado com sua sinceridade e decepcionado pelo fato de ele não ter levado a discussão adiante.

Mas um dia ou dois depois, em outra conversa, o Lama, Drubwang Tsoknyi Rinpoche, então com 35 anos, das linhagens

RENÚNCIA

Drukpa Kagyu e Nyingpa do Budismo Tibetano, levantou o assunto novamente. Usando virtualmente a mesma linguagem, expressou surpresa com relação ao nível de raiva que os estudantes ocidentais pareciam guardar por seus pais. Isso estava claramente o incomodando. Naquela noite, deixei uma nota para o gerente do curso dizendo que, a menos que alguém mais se voluntariasse, eu poderia tentar explicar ao Lama porque os ocidentais nutrem tais sentimentos pelos pais. Na manhã seguinte, alguém me deu um tapinha no ombro depois da meditação e me disse que o Lama queria me ver.

Bem consigo mesmo, Tsoknyi era amigável e refinado. Dispensou minha formalidade e indicou que estava pronto a falar diretamente. Conversamos sem seu intérprete estar presente, por isso nosso diálogo se restringiu ao essencial.

"Toda essa atenção vem acompanhada de muita expectativa", comecei. "Os pais ocidentais não sentem que seus filhos já são o que são – acham que é sua obrigação fazer deles o que eles devem ser. Tratam seus filhos mais como objetos do que como indivíduos que já são eles mesmos. Isso é uma carga para os filhos."

"Uma pressão", replicou o Lama.

"Uma pressão. E eles desenvolvem uma armadura para se proteger. A raiva é um reflexo da armadura". Pensei em uma das minhas pacientes, uma jovem que sempre sentiu que seus pais tinham, nas palavras dela, "uma norma para mim". Ela sentia que eles simplesmente não podiam com ela, que ela era demais para eles – imposição demais, difícil demais, irrestrito demais e ao mesmo tempo uma decepção: não era a coisa certa. Essa mulher se afastou de sua mãe e de seu pai, procurando se proteger deles, mas ela se afastou das outras pessoas de uma forma mais generalizada e sofria com a falta de confiança e isolamento resultante. Fechei meu punho e o cobri com minha outra mão, mostrando-as ao Lama. O punho fechado era como a criança de armadura – a mão que a cobria, as expectativas dos pais.

"Toda a energia vai para a resistência", expliquei. "Mas lá dentro, a criança se sente vazia. Não sabe quem é ou o que quer. Não consegue sentir o próprio desejo; conhece apenas a raiva. Uma raiva que deriva do fato de ser tratada como objeto. Seu vazio não é igual àquele descrito pelo budismo, no qual tem uma conotação semelhante à liberdade".

"Oco", disse o Lama. Ele tinha entendido.

"No mundo da psicoterapia, chamamos a armadura de 'falso eu'. A criança cria um falso eu para lidar com as expectativas excessivas ou com o abandono: há muita pressão por parte dos pais – ou pouca demais. Dizemos que não há ligação, não apenas física, mas também emocional." Lembrei-me de uma citação de Proust, na qual ele explica a carícia que permite que a infinitude de uma pessoa seja sentida:

Podia acariciá-la, passar minha mão sobre ela, mas, como se eu segurasse uma pedra que encerra o sal de oceanos imemoriais ou a luz de uma estrela, senti que tocava nada além do envelope selado de uma pessoa que alcançava o infinito voltada para dentro.[3]

Quando o falso *eu* predomina, não há mais esse sentido – a pessoa se torna cortada dela mesma, do seu "elemento incomunicado" – em nível profundo.

"O problema com esse cenário", continuei, "é que a criança quase sempre perde contato com o que ela é por dentro. Depois de um tempo, só conhece a armadura: a raiva, o medo ou o vazio. Tem um desejo de ser conhecida, encontrada ou descoberta, mas não tem meios de fazer isso acontecer, nem confiança de que possa acontecer. Traz as pessoas a lugares como este", fiz um gesto indicando o local do retiro.

"Talvez não seja assim tão ruim", brincou ele.

Tsoknyi Rinpoche estava interessado em nossa discussão. "Eu pensara no problema da seguinte forma", disse-me. "Os pais parecem criar os filhos apenas como uma obrigação ou como um trabalho. Quando o filho cresce, eles apenas o deixam partir. Acabaram o que tinham de fazer. Seu trabalho está feito, as obrigações, cumpridas. O filho se sente cortado – eles precisam dessa ligação."

Pensei que ele estivesse descrevendo o outro lado da mesma moeda. Às vezes, os pais sentem que seu único propósito é ajudar os filhos a se individualizar e separar, mas eles pensam nisso em termos objetivos, como outra coisa a cumprir. Quando isso acontece, esses pais se sentem inúteis ou obsoletos. Muitas vezes se separam assim que os filhos vão para a universidade, fazendo que entrem em crise quando estão precisando se aprofundar em si mesmos. Compor o problema é o típico estratagema da adolescência, quando as primeiras manifestações da raiva do adulto

RENÚNCIA

se mostram. Muitos pais nunca se recuperam dessas reviravoltas. Suas ligações emocionais com os filhos são tão tênues que quando as primeiras expressões de desdém se apresentam, eles se retraem para sempre. Magoados com a raiva de seus filhos, sentem-se ignorados e frustrados porque seus esforços não são reconhecidos, não compreendem que o filho, além de querer ser conhecido pelos pais, quer conhecê-los de maneira real.

O Lama tinha descoberto por si mesmo uma versão da vida real daquilo que os psicoterapeutas já tinham entendido. Praticantes de meditação que iam aos seus retiros para iniciar um processo de introspecção suave se defrontam de imediato com suas dores de infância. Apesar de os retiros serem concebidos para ensinar as pessoas a treinar a atenção para não evitar o desagradável e se apegar ao agradável, eles também tendem a colocar as pessoas num lugar onde não podem evitar o trabalho não concluído que têm a fazer. Tratadas como objetos por seus pais bem-intencionados, ainda estão lutando por se tornar sujeitos, mas as próprias tendências de ver seus pais como "objetos maus" estão mantendo-as longe de suas metas. O Lama, creio, intuiu corretamente que a raiva de seus alunos teria de ser trazida ao campo de suas meditações. E como Joseph Goldstein e o Dalai Lama, ele também sabia que em algum momento eles terão de renunciar seus esforços de querer serem tratados de maneira mais aceitável pelos seus pais, e que isso, também, é uma fantasia que pode ser rotulada de "beco sem saída". Ao abrirem mão de seu apego por atingir essa meta, podem aprender a não cometer o mesmo erro. Podem parar de tratar seus pais como objetos maus e começar a autoexploração como sujeitos: quebrando o falso eu que obscurece a luz interior.

Na famosa obra de Kahlil Gibran, *O profeta*, pode-se encontrar uma linda descrição da mesma verdade de dois gumes:

Tua alegria é tua dor desmascarada
O poço idêntico do qual teu riso se ergue estava muitas vezes cheio com suas lágrimas.
E como poderia ser diferente?
Quanto mais fundo essa dor grava no teu ser, mais alegria podes conter.[4]

ABERTO AO DESEJO

A imagem final, da dor gravada na alma, é uma descrição correta da dinâmica que existe entre a renúncia e o desejo. Como a dor, na visão de Gibran, cria um espaço que a alegria pode tomar, também a renúncia cria um espaço que o desejo pode ocupar com mais liberdade. Ao se desviar dos becos sem saída compulsivos do apego, da possessão e da compulsão, a pessoa pode aprender a se aprofundar mais em si mesma. Quanto mais quente a chama do *tapas* do praticante de meditação, mais forte o espírito de emergência. Quanto mais a pessoa ver seu apego, menor será a necessidade de ligação íntima. Da mesma forma como Shiva descobriu ao procurar Parvati, a bem-aventurança da yoga e a bem-aventurança do desejo são comparáveis. Ambas nos levam às praias do infinito.

Notas

1. Daniel Goleman (narrador), *Destructive emotions:* how can we overcome them?: a scientific dialogue with the Dalai Lama. New York: Bantam Books, 2003, p. 161.

2. Wendy O'Flahearty, *Shiva:* the erotic ascetic. Oxford: Oxford University Press, 1973, p. 312.

3. Marcel Proust, *Rememberance of things past* – the captive. London, 1972, p. 248-249.

4. Republicado em *On wings of awe (A Machzor for Rosh Hashanah and Yom Kippur)*. Edição e tradução de Rabby Richard N. Levy. Washington. D.C.: B'nai B'rith Hillel Foundation, 1985, p. 381.

PARTE III

O FIM DO APEGO

"Como um covarde, como um ator ordinário, tu a trocaste
por outra. Disseste-lhe para ir ter com ele, embora há
muito a amasses. Por que serves a Ravana da melhor
forma possível e dás Sita ao seu prazer? Tu a abandonaste.
Ela está cercada pelo mal... não sejas um homenzinho manso...
nunca temas amar bem", disse Hanuman.
"Se tu não podes suportar, então quem pode?"

Ramayana (p. 270)

Capítulo 7

De objeto a sujeito

Com um estranho paralelo entre o mundo da psicoterapia e o mundo da espiritualidade indiana, a metamorfose do desejo que ambas as disciplinas concebem é igualada com uma abertura ao feminino. A forma do desejo mais comumente aceita, aquela em geral associada com a energia masculina, é parente da posse, da aquisição e da objetificação. Nessa versão do desejo, o eu tenta ativamente satisfazer suas necessidades por meio da manipulação do ambiente, extraindo aquilo de que se precisa de um mundo que é objetificado consistentemente. Mas é essa versão do desejo que tende à frustração e à decepção e que nunca pode ser satisfeita completamente. O paradoxo do desejo é que estamos realmente procurando outro modo, o qual temos dificuldade de imaginar ou de reconhecer. É aqui que tanto o mundo espiritual psicanalítico como o indiano podem ajudar. Ao articular esse modo alternativo como um modo feminino, eles nos mostram o que está faltando em nós. Conforme D.W. Winnicott colocou de forma sucinta, "o elemento masculino *faz*, enquanto o elemento feminino (nos homens e mulheres) *é*".[1] O elemento masculino está envolvido pela atividade, ao mesmo tempo em que o elemento feminino se relaciona com ser. Apesar de as energias masculinas serem necessárias, não são autossuficientes. O desejo, na sua busca pela realização, está em última instância à procura de ser.

No *Ramayana*, é a protagonista – o feminino – Sita, que deve descobrir e ser fiel à própria voz, enquanto seu amante luta para resgatá-la. Toda a energia masculina de Rama é empregada nesse esforço. Tanto Sita quanto Rama devem entrar em um novo relacionamento com o desejo aprofundado de Sita, com sua recém-obtida capacidade feminina. Esse é o resultado direto dos três primeiros passos do Caminho da Esquerda: entrar no vazio entre a satisfação e sua realização, confrontar com honestidade as manifestações do apego e renunciar aos pensamentos e comportamentos compulsivos que o apego provoca. Trabalhar desse jeito com o desejo permite um aumento da apreciação do feminino. Essa percepção não se limita ao *Ramayana*. No mito indiano de Shiva, sua renúncia de yogue não o leva apenas à harmonia com sua amante Parvati, mas também a um desenvolvimento que apenas o mais escandaloso psicanalista poderia imaginar, revela a própria natureza hermafrodita. Nos retratos mais esotéricos de Shiva, ele possui tanto o falo como a vulva. Ao mesmo tempo em que representa, na maioria das vezes, uma posição masculina clássica, completo, com o falo ereto e energia insuperável, também está em casa com seu lado feminino, conforme exemplificado não só pelos seus órgãos sexuais femininos, mas também pelo rio Ganges, símbolo da mãe, fluindo de seus cabelos. Mesmo no relativamente calmo mundo do budismo, o afrouxamento do objetivo fixo do desejo – seu relaxamento – toca uma nota que ressoa de forma misteriosa com recentes descobertas da teoria psicanalítica, nas quais a perspectiva feminina das analistas finalmente recebeu o crédito que merece. Buddha, deve-se notar, assume uma figura andrógina em grande parte da arte asiática.

O nascimento do sujeito

No seu livro, hoje um clássico, sobre o desejo da mulher, a psicanalista Jessica Benjamin descreve muito bem esse elemento que falta. Ela conta uma história marcante. Um dia, duas psicanalistas, uma delas mãe de um menino, estavam andando pela maternidade do hospital e pararam para olhar os recém-nascidos através da janela. Em cada berço havia etiquetas cor-de-rosa ou azuis anunciando o sexo da criança para que todos vissem. As etiquetas azuis dos meninos proclamavam alegremente, "Eu sou menino!", mas, para surpresa delas, as etiquetas cor-de-rosa das meninas não correspondiam. Em vez de "Eu sou menina!", nas etiquetas cor-de-rosa estava escrito, "É uma menina!". Todos os meninos eram "eu", e as meninas eram "é". Aos meninos foi dada uma voz subjetiva, a voz do desejo, mas as meninas foram oferecidas ao mundo como objetos. A visão das bebês, já tocadas pelos preconceitos da sociedade, foi uma epifania para Benjamin. A questão perene de Freud, "o que as mulheres querem?", não foi formulada corretamente, conclui ela. A questão não é *o que* elas querem, mas é *se* elas querem. Elas *têm* o próprio desejo? Ou talvez a pergunta seja mais bem colocada assim: "As mulheres podem *ser* seu desejo?" O desafio para as mulheres, concluiu, é deixar de ser um objeto de desejo para se tornar um sujeito: *aquela que deseja*.[2]

Ao formular as coisas dessa forma, Benjamin fez uma importante contribuição para a compreensão daquilo que torna a paixão passional. Ela percorreu um caminho que também podemos ver descrito no *Ramayana*, no qual Sita se vê raptada de uma união não diferenciada com Rama e se torna objeto do desejo sensual de Ravana. Ao recusar ser objetificada, Sita aprofunda seu desejo enquanto está cativa na ilha de Lanka, tornando possível uma nova união com seu amante, quando ele a alcança em sua recém-descoberta subjetividade. Sita empreende a jornada de objeto a sujeito descrita por Benjamin e, então, exige que Rama vá até ela, mesmo apesar de o mágico Hanuman ser capaz de tirá-la da ilha e levá-la de volta ao seu amante. Ao fazer essa exigência a Rama, Sita insiste que ele encontre e reconheça sua vida interior corrente para que as duas dimensões do desejo possam se tornar uma. Ela deu um novo propósito ao seu elemento masculino. Ao fazer isso, ela tornou possível uma nova experiência para ambos, uma experiência que só pode acontecer entre dois sujeitos. É nessa jornada que o desejo quer nos levar, uma viagem que vai por meio das limitações tanto do sujeito como do objeto e abre as possibilidades lúdicas de reciprocidade, paixão e afeição, as quais dependem da capacidade de ser.

A contribuição de Benjamin à psicologia do desejo foi crucial, pois foi capaz de diferenciar seus dois aspectos distintos: um que ela igualou de início com o masculino e outro com o feminino. O desejo masculino, conforme os psicanalistas homens há muito conceberam, é representado pelo falo. E ele sabe o que quer. Na psique da criança (de acordo com a tradição psicanalítica), o falo, o emblema do pai, representa a separação da mãe e da vida independente no mundo. Como o pai é percebido pelo filho ou filha como tendo uma vida autossuficiente fora de casa, seu órgão sexual assume a conotação dessa autonomia. Torna-se o antídoto da todo-poderosa presença maternal, a expressão fundamental de uma alternativa. Enquanto representação de uma agência ativa à parte do ambiente maternal, o falo passa a representar a busca da satisfação fora da proteção da mãe. Para a menina, isso pode tomar a forma de fantasias de ter seu bebê, ou descobrir o próprio corpo, em vez de ter um pênis, mas a função psíquica é a mesma: a necessidade de uma alternativa – e uma saída – para as exigências do ambiente doméstico.

Para os garotos, de acordo com essa teoria, o processo de identificação com o pai faz com que assumam seu desejo de forma direta. No entanto, para as meninas, especialmente aquelas que têm mães controladoras, o processo é mais complicado. O falo pode continuar a ser o símbolo de separação e individuação mais proeminente, mas é mais difícil para a garota se identificar com ele do que o menino. É aqui que entra o conceito de inveja do pênis. "A inveja do pênis não é um fim em si", escreveu uma das primeiras psicanalistas feministas a decifrar o simbolismo sexual da psique, "mas uma expressão do desejo de triunfar sobre a mãe onipotente por meio da posse do órgão que ela não tem, isto é, o pênis. A inveja do pênis parece ser tão proporcionalmente intensa quanto a imagem maternal é forte".[3] Para uma menina nessa situação, o falo é o símbolo do caminho para longe do relacionamento com a mãe. As feministas francesas, com sua característica bravata, dizem que o falo "bate de volta na mãe", na imaginação de uma menina. Possuir ou ser possuída por um homem, sobretudo um que se tem em alta estima, funciona como um refúgio na aparentemente devastadora relação entre mãe e filha. Um exemplo clássico disso pode ser a decisão de uma filha superprotegida e obediente de namorar um motociclista, ao ir para a faculdade. O simbolismo "fálico" da motocicleta – perigosa, poderosa e encantadora – ajuda essa jovem a estabelecer uma distância entre ela e sua mãe.

Um grama de espaço

No conceito de Benjamin, o falo tem uma função simbólica semelhante tanto para os meninos como para as meninas: é tido como um meio de individuação e como expressão do desejo ativo.[4] Mas há outra dimensão do desejo que ela classificou como feminina, embora seja claramente um aspecto compartilhado pelos dois sexos. O desejo feminino não é pela penetração, mas pelo espaço. O espaço almejado não é apenas o espaço interior, como podemos suspeitar de uma associação com a vagina, mas também o exterior: um espaço *entre* os indivíduos que abre lugar para a individualidade dos dois envolvidos e que possibilita encontros nos limiares. Trata-se de um espaço que permite a descoberta da própria voz. É isso que Sita descobre no seu isolamento e prisão em Lanka.

Talvez a história de um dos meus pacientes ajude a explicar o que isso quer dizer. Andrea era uma jovem médica fazendo residência: inteligente, linda, independente e estava para se casar. Seu noivo era mais velho, um escritor que trabalhava sobretudo em casa. Tinham se mudado recentemente para um pequeno apartamento no Queens. O noivo de Andrea estava claramente apaixonado por ela, mas às vezes parecia carente demais de sua presença. Largava tudo o que estava fazendo quando ela chegava e ficava ao seu redor. Ela queria voltar aos primeiros tempos do namoro, quando ele era mais distante e ela podia buscá-lo e até mesmo seduzi-lo. Agora, ele estava disponível demais. Andrea contou algo que acontecera numa noite, em que ele ansiosamente a puxou para ele quando ela ainda estava entrando na cama, ambos sabendo que teriam sexo. Ele já estava sob os lençóis, e ela só começara a subir na cama quando ele a puxou.

"Dê-me apenas um grama de espaço, de onde eu possa te amar", Andrea disse, mas ele se sentiu rejeitado pelo comentário espontâneo e ameaçou ir dormir no sofá. Ela só queria entrar debaixo dos lençóis antes de ele agarrá-la, contou-me ela, querendo saber por que ele tinha objetado com tanta veemência seu comentário.

Andrea queria estar mais em contato com o próprio desejo. A necessidade que seu noivo tinha dela tornava difícil para Andrea manter contato consigo mesma. O desejo dele tendia a dominar, e ela perdia o sentido de separação que permitia a ela conhecer o próprio desejo. Ela podia experimentar seu desejo "masculino", mas isso a fazia se sentir como se fosse uma fonte de energia que precisava ser envasada e não uma pessoa com vontade própria. Como ele ficou tão ofendido com suas tentativas de confrontá-lo, trabalhamos o desenvolvimento de sua capacidade de permanecer em contato consigo mesma, mesmo quando permitisse que ele se aproximasse dela. Andrea sentiu-se pressionada pela afeição de seu namorado e viu que tinha apenas duas escolhas: submeter-se e perder-se de si mesma, ou repeli-lo. Em vez de perceber as coisas dessa forma, tentei ajudá-la a sentir-se menos governada pela necessidade dele, permitindo que ele se acalmasse e que ela pudesse ver algo além da dependência que ele tinha dela. Apesar de não poder abordá-lo e seduzi-lo como fazia antes, a partir desse lugar de calma ela ainda podia ir em direção a ele, uma agente atuando em direito próprio.

ABERTO AO DESEJO

A visão de Benjamin do desejo feminino descreve uma expansão interpessoal na qual reside o potencial tanto para a descoberta de si mesmo como para a ligação ao outro. Ela ecoa as descobertas dos místicos indianos do século XVII, os quais determinaram que o sabor da separação é o principal ingrediente de um relacionamento erótico. Esse conceito é encontrado em todo o mundo. No planejamento do jardim japonês há um importante princípio organizador chamado *miegakure*, ou "esconde e revela", que retrata essa verdade de outra forma. No jardim japonês, apenas uma parte de qualquer objeto é deixada visível – o todo nunca é exposto. É comum, por exemplo, que a cascata que serpenteia o caminho suma e reapareça da linha de visão de quem percorre a trilha. Cada nova visão permite que a cascata seja vista de uma perspectiva diferente, provocando "não apenas uma ilusão de profundidade, mas igualmente a impressão de que há belezas escondidas mais além".[5] O olhar é estimulado pela água – nós a vemos, depois a perdemos, então a encontramos de novo, conforme serpenteamos pelas trilhas do jardim. Ao evitar que o objeto nunca seja completamente conhecido, a disposição do jardim leva o observador a imaginar as partes invisíveis. O resultado é exatamente aquilo que minha paciente Andrea desejava em seu relacionamento: "uma sensação de vastidão num lugar pequeno",[6] a sensação de mistério que deixa as coisas interessantes, mesmo quando as conhecemos bem.

Era essa vastidão que Andrea sentia falta de ter com seu noivo, confinada como estava no espaço limitado de seu novo relacionamento. Ela precisava de mais privacidade para abrir as possibilidades que conduzem o relacionamento sexual ao reino de Eros.[7] Quando há espaço para dois sujeitos, o relacionamento se torna como o jardim japonês. Um chamado e uma resposta aos sons, gestos, sentimentos e ao surgimento de sensações que podem permitir que os desejos desabrochados sejam conhecidos, apreciados, gozados e devolvidos. O resultado leva a algo semelhante ao que o psicanalista britânico Masud Khan chamou de "orgasmo do ego",[8] a intimidade que emerge quando a entrega emocional se une à liberação física. Quando Andrea sentiu que não era nada além de uma fonte de energia para o namorado, esse tipo de reciprocidade não parecia ser possível entre eles. Enquanto ele era o "eu" do relacionamento, ele relacionava-se a ela como se fosse uma "coisa".

Ser *versus* fazer

As atribulações de outra paciente recente, Tina, ajudaram a exercitar isso. Ela era uma talentosa professora numa escola particular local, sensível, inteligente, amável. Católica, filha de uma família rica de New Jersey, era muito consciente de sua beleza, ou, seria mais correto dizer, da fragilidade de sua beleza. Aquele era o elo básico entre ela e sua mãe. Discussões sobre comida, sobre o que engordava, o quanto cada uma delas comeu e como o peso delas oscilava dominavam suas interações. Mas o preço dessa proximidade foi que ela desenvolveu uma aversão com relação à comida e uma preocupação exagerada sobre sua imagem física.

Tina tinha trinta e poucos anos quando veio me ver e havia tido uma série de namorados desde o final da adolescência. Um dos temas que ela abordou na primeira sessão foi o desconforto que sentia quando seu namorado atual tentava fazer sexo oral nela. Sempre preocupada com a aparência, Tina ficava perturbada com a ideia de um homem "descendo" pelo seu corpo. Tudo o que pensava era o quanto aquilo devia ser "grosseiro". Apenas quando ingeria um pouco de álcool conseguia explorar a cunilíngua, mas descobriu em diversas ocasiões que, apesar de seu namorado assegurar que ela tinha gostado (e até mesmo tomado a iniciativa), não conseguia se lembrar. Estava obviamente preocupada com o rumo que as coisas estavam tomando.

Tina estava presa num modo de relacionamento baseado no objeto. Conseguia pensar apenas em si mesma aos olhos da mãe: fosse o fato de sua mãe averiguar o quanto ela tinha engordado, ou seu namorado (em sua imaginação) avaliando a atração que seu corpo provocava. Seu temor ao sexo oral era uma provável indicação desse modo baseado no objeto, pois ela parecia experimentar seus namorados basicamente como "objetos devoradores" que queriam transformá-la em comida. O espaço da própria subjetividade, sua experiência emocional, não era seguro ou disponível em tais circunstâncias – parecia se abrir apenas quando ela compartilhava suas experiências interiores com sua amiga mais íntima. Para sorte de Tina, logo após ter iniciado a terapia, conheceu um homem por quem sentiu uma proximidade imediata. Apesar de ele ter menos experiência sexual que muitos dos seus namorados anteriores, ela descobriu, para sua surpresa, que não se sentia inibida ao se abrir

ABERTO AO DESEJO

para ele. Apesar de às vezes ser envolvente, sempre respeitava as percepções dela. Compartilhavam um senso de humor comum e formavam uma amizade próxima ao começarem o relacionamento sexual. Logo foram morar juntos e se mudaram para outra cidade. Tina parou de fazer terapia comigo. Seu esperado movimento de objeto a sujeito finalmente começara.

Embora a fórmula psicanalítica proposta por Benjamin confira ao masculino o primeiro sentido subjetivo de agência, é um erro pensar que a necessidade de mudar do modo baseado no objeto seja uma jornada exclusiva da mulher. Seja o homem buscando objeto ou a mulher se transformando nele, o modo de relacionamento é o mesmo. Ambos têm potencial para ver as coisas de forma diferente. O desejo, apesar de poder ser inflamado pelo modo objeto, não tende a se satisfazer dessa forma. É muito mais provável de ser desviado no apego ao esforço frenético de assegurar algum tipo de segurança permanente. A abertura à apreciação subjetiva, por outro lado, envolve um reconhecimento da não-possibilidade de se possuir o outro. Esse reconhecimento, o qual literalmente "cede espaço", permite ao desejo trabalhar como funcionaria um bem planejado jardim japonês. Como o outro nunca pode ser totalmente revelado, é sempre capaz de ser inspirador. O desejo faz a qualidade própria do outro fenecer, e a qualidade do outro alimenta o desejo.

A jornada de um modo de relacionamento baseado no objeto a outro que permite dois sujeitos começa no início da infância, mas raramente é completada. Se você tiver sorte, pode continuar em relações sexuais íntimas, aperfeiçoar-se pela meditação e frutificar na intimidade sexual. Essa progressão conecta a vida emocional, relacional e espiritual que se forma no caminho do desejo. Pode ser abordada em termos míticos, psicodinâmicos, sexuais ou sagrados, mas seu núcleo está na necessidade de o modo objetivo baseado no "masculino" ser equilibrado pelo modo subjetivo baseado no feminino. Não se trata de uma tarefa fácil. Abrir mão da convicção de que as pessoas podem ser tratadas como objetos (ou "fontes de energia") é mais difícil do que parece. Se as pessoas não são objetos, então o que devemos pensar sobre elas? Nossas mentes hesitam, como se estivessem tentando entender a Teoria da Relatividade de Einstein ou a natureza semelhante à onda do fóton. Somos condicionados a pensar em termos de coisas, não em termos de processos desconhecidos como subjetividades pessoais impossíveis de ser apreendidas. Nossa

DE OBJETO A SUJEITO

língua tropeça frente a elas. Mesmo assim, nosso desejo sempre revela a insuficiência do modelo baseado no objeto.

Apesar de a função básica da meditação budista ser a de criar a possibilidade da experiência de "ser", meu trabalho como terapeuta tem me mostrado como as exigências da vida íntima podem ser tão úteis quanto a meditação ao levar as pessoas ao encontro dessa capacidade. Como na meditação formal, os relacionamentos íntimos nos ensinam que quanto mais nos relacionamos com o outro como objetos, maior a decepção. O truque, como na meditação, é usar essa decepção para modificar a maneira como nos relacionamos. A partir da nossa dificuldade de encontrar um objeto complacente pode emergir a percepção do outro como sujeito com direitos próprios. Embora muitas vezes possamos nos sentir frustrados porque as pessoas, por causa dos seus defeitos, não conseguem nos dar aquilo que achamos que precisamos, essa frustração traz nela o espírito de emergência, pois quando aceitamos o fato de que nenhum adulto consegue satisfazer todas as suas necessidades, estamos a caminho de apreciar nossos parceiros adultos pelo que são e não pelo que gostaríamos que eles fossem. É esse cenário que a ideia de "masculino" e "feminino" de Benjamin busca explicar. O desejo "feminino" de espaço é uma expressão de necessidade que ambos os sexos têm. É uma necessidade que Winnicott expressou de forma mais sucinta na famosa frase: "é uma alegria estar oculto, mas também é um desastre não ser encontrado",[9] uma necessidade de reconhecimento do eu enquanto sujeito.

Mas um sujeito não é um objeto. Ainda que possa ser encontrado, não pode ser capturado. Encontrá-lo é mais um processo contínuo do que um ato único. A aceitação de um aspecto interior, particular, pessoal e até mesmo silencioso do eu e do outro é uma dádiva que abre uma troca contínua com o mundo. É essa a capacidade secreta que o desejo procura, uma capacidade de "ser", a qual pode ser apenas encontrada quando a necessidade mais dominante de "fazer" é desfeita. Sob essa luz, aquilo que a mulher quer não é tão misterioso. Como o homem, ela procura um parceiro que se importe com o que ela quer, alguém que deseja o desejo dela e que seja capaz de habitar o espaço que isso cria.

Notas

1. D. W. Winnicot, *Playing and reality*. London & New York: Routledge, 1971, p. 81.

2. Jessica Benjamin, *The bonds of love:* psychoanalysis, feminism, and the problem of domination. New York: Pantheon Books, 1988, p. 86-87.

3. Janine Chasseguet-Smirgel, *Sexuality and mind:* the role of the father and the mother in the psyche. New York & London: New York University Press, 1986, p. 27-28.

4. Jessica Benjamin, *Like subjects, love objects:* essays on recognition and sexual difference. New Haven & London: Yale University Press, 1995, p. 125.

5. David A. Slawson, *Secret teaching in the art of japanese gardens.* Tokyo, New York & London: Kodansha International, 1987, p. 116.

6. Ibid.

7. Jessica Benjamin, *The bonds of love*, p. 126-131.

8. M. Masud R. Khan, Ego-orgasm in bisexual love. In: *International review of psycho-analysis, 1*, 1974, p. 143-149.

9. D.W. Winnicott, Communicating and Not Communicating Leading to a Study of Certain Opposites. In: *The maturational processes and the facilitating environment.* New York: International University Press, 1965, p. 186.

Capítulo 8

Um ambiente facilitado

Em 1912, Henri Matisse visitou o Marrocos e ficou impressionado com a suavidade da luz do lugar. Aquilo mudou o modo como abordava a pintura. Tentando expressar a espiritualidade que ele sentiu com aquela luz, começou a remover várias características que normalmente teria colocado na tela. Os rostos se tornaram impessoais, despidos dos atributos que lhes confere individualidade. Contornos de objetos desapareciam e áreas ininterruptas de pura cor começavam a emergir. Nenhum pintor ocidental jamais tinha tomado essa liberdade. Era uma técnica que veio a ser chamada de "menos é mais", e proporcionou a Matisse a liberdade e o calor que definem sua obra.[1] Ao abrir mão da abordagem convencional da representação, um espírito de emergência despontou. De uma maneira completamente consistente com a descrição de Benjamin da descoberta do "feminino", Matisse abriu-se a outra forma de experimentar o mundo. Desde então, a pintura nunca mais foi a mesma.

Uma coisa semelhante aconteceu ao meu amigo Jack Engler quando ele foi à Índia pela primeira vez, em 1975, apesar de não ter sido a pintura que mudou como resultado da visita, mas sim sua compreensão do desejo. Jack é psicoterapeuta e professor de budismo, e naquele ano estava começando a explorar a filosofia budista depois de completar um árduo treinamento em psicologia clínica. Depois de seu primeiro retiro de meditação com Joseph Goldstein, Jack Kornfield e Sharon Salzberg em Bucksport, Maine, Jack foi para a Índia, onde imergiu nos estudos do budismo durante dois anos. Como um psicólogo ocidental despertando para o poder da filosofia budista, Jack estava, para dizer o mínimo, entusiasmado na sua busca pela sabedoria budista. Ainda que estivesse começando a confrontar seu apego, sua mente ainda era movida por forças de hábito e condicionamento contra as quais todos temos de lutar se quisermos seguir por esse caminho. Basta dizer que Jack chegou à Índia com uma mentalidade preconcebida sobre o budismo. Como Ravana espiando Sita pela primeira vez, ele queria tomar o budismo para si tão rapidamente quanto possível.

Menos é mais

Jack foi a Bodh Gaya, uma pequena vila no norte da Índia, local histórico da iluminação de Buddha. Uma descendente da árvore *bodhi* original, sob a qual Buddha sentou quando conquistou seu despertar, ainda viceja na vila, e apesar de a cidade ser pequena e poeirenta, com pouco mais que um par de ruas e vários quiosques de chá para alimentar os constantes peregrinos ocidentais, cada país budista na Ásia mantém um pequeno templo devotado ao estudo do budismo. Uma grande *stupa*, datando do período medieval, ergue-se atrás da árvore *bodhi*, indicando o que deve ter sido um centro sagrado de budismo no milênio anterior.

Jack foi a Bodh Gaya para estudar com um notável bengali chamado Anagarika Munindra, que havia sido professor de Joseph Goldstein sete ou oito anos antes. Munindra nasceu em Bangladesh. Era descendente de budistas que foram forçados a ir para o leste por causa dos conflitos do século XI. Na década de 1940, ele trabalhou para a Sociedade Mahabodhi da Índia, uma organização dedicada a preservar o que havia restado do budismo na Índia, e nos anos 1950 tornou-se superintendente do templo de Bodh Gaya. Munindra percebeu que apesar de conhecer a história budista, não compreendia a prática budista, a qual havia declinado no próprio país. Na década de 1950, portanto, ele viajou à Birmânia para estudar com um mestre de meditação chamado Mahasi Sayadaw, que era um dos professores responsáveis por redescobrir e promulgar a prática da atenção budista no século XX. Munindra estudou com Sayadaw de forma descontínua por nove anos, tornando-se mestre nos ensinamentos da psicologia budista e atingindo os vários níveis de percepção intuitiva associados à compreensão do "não-eu". A partir dos ensinamentos a Joseph Goldstein, Jack Engler e muitos outros ocidentais que foram a Bodh Gaya para aprender com ele, tornou-se uma figura crítica na transmissão do budismo ao Ocidente.

UM AMBIENTE FACILITADO

Munindra era um indivíduo iconoclasta, não exatamente o retrato do professor de iluminação que se costuma fazer. Encontrei-o algumas vezes e sempre fiquei um pouco surpreso. Exatamente como Shiva, nos mitos indianos, podia incorporar tanto alguém completamente do mundo quanto alguém simultaneamente à parte dele, Munindra parecia com frequência reduzir a imagem de como uma pessoa iluminada devia se comportar. Isso era uma parte daquilo que o tornava um professor exemplar. De um lado, falava o tempo todo. Era um tagarela. Do outro, parecia completamente confortável no mundo, não removido dele. As lembranças de Joseph Goldstein reforçam o aspecto colorido da personalidade de seu professor. Ele conta que uma vez observou Munindra no bazar, barganhando a plenos pulmões com os vendedores locais o preço de amendoins. Munindra parecia demais com Ben Kingsley no seu papel de Mahatma Gandhi. Era um homem pequeno, magro, sempre vestindo robes brancos, com óculos escuros e um temperamento excitável. Imagino que os aldeões locais o achavam um tanto intimidante. Joseph se sentia embaraçado ao ver seu venerável professor regateando com os comerciantes nativos. Afinal, o preço pelo qual discutia devia ser menos de um níquel.

"Munindra", Joseph finalmente perguntou, "por que você se importa tanto em discutir por um punhado de amendoins? Pensei que você havia nos dito para sermos sempre simples e tranquilos".

Munindra se divertiu com a preocupação de Joseph.

"Você tem de ser simples – não simplório", respondeu ele.

Quando Jack Engler chegou a Bodh Gaya, em 1975, Munindra foi recebê-lo. Jack voara direto a Calcutá, onde passou alguns dias e, então, pegou o trem noturno para Gaya, a estação de trem mais próxima. Sem saber que era possível ir de ônibus a Bodh Gaya a partir de Gaya, ele fez uma viagem ainda mais exaustiva de riquixá - quatro ou cinco horas no total – da estação de trem até o Tourist Bungalow de Bodh Gaya. Ele chegou com frio, com fome, envergonhado de ter pago tanto para o condutor do riquixá e muito desorientado. Mas com a ansiedade, a qual eu vim a associar com o desejo ingênuo, seja no Oriente ou no Ocidente, a primeira coisa que ele disse a Munindra foi: "Cheguei! Estou pronto! Quando começo?"

A resposta de Munindra fez Jack baixar a guarda.

"Seu intestino está funcionando bem?", perguntou.

De fato, não estava muito. Na verdade, estava mau. Munindra, cujo pai havia sido um médico aiurvédico, passou as duas semanas

ABERTO AO DESEJO

seguintes ensinando a Jack o poder dos comprimidos de alho para limpá-lo e da casca da semente de *plantago*[2] para resolver seu problema. Não falaram sobre muitas outras coisas além disso. Conforme Jack diz hoje em dia, "ele fazia questão de suas prioridades, mesmo se eu não fizesse".[3]

A habilidade de Munindra para lidar com o desejo de Jack foi instrutiva. Embora nunca abordasse isso de forma direta, todo o tempo em que Jack passou sob sua tutela, ele foi cuidadoso no sentido de sempre expandir e alargar aquilo que Jack buscava, em vez de satisfazê-lo diretamente. Nos dois anos que Jack estudou budismo com ele, Munindra perguntou apenas duas vezes sobre suas meditações. Nunca deu instruções explícitas sobre a prática. Isso vinha do homem que era um dos mais proeminentes instrutores de meditação do século XX, reverenciado por suas realizações meditativas. Não obstante, era muito cuidadoso para não dar atenção demais às demandas, nem rejeitá-las. Em vez disso, como a luz marroquina que suavizou a paleta de Matisse, Munindra tornou mais dócil o desejo de Jack. Nutriu-o, mas sem satisfazê-lo prontamente. No vernáculo do Dalai Lama, ele estava criando as circunstâncias nas quais o espírito de emergência pode nascer, por meio do qual Jack podia renunciar suas noções preconcebidas sobre o budismo a fim de descobrir por si mesmo. Do ponto de vista psicodinâmico, podemos dizer que Munindra estava mostrando a Jack que a meditação não era algo que ele tinha de fazer, mas que podia simplesmente ser. Sem especificamente determinar o gênero, Munindra estava, contudo, abrindo o lado feminino das coisas.

Uma tarde, quando Jack estava entrevistando Munindra para sua pesquisa de doutorado, Munindra sugeriu que caminhassem juntos atrás do templo chinês onde ele estava vivendo. Enquanto faziam uma pausa, Jack perguntou-lhe de súbito: "Munindra, o que é o Dharma?" Talvez Jack estivesse frustrado com o estilo evasivo de ensino de Munindra, ou com seu progresso, ou falta dele, desde que chegara à Índia. Ou, provavelmente, estivesse tentando com sinceridade mergulhar mais fundo nos ensinamentos de Buddha. Ao tentar detalhar o Dharma, estava perguntando sobre o principal ensinamento de Buddha, sua "verdade" ou "caminho", as traduções tradicionais – e imperfeitas – dessa palavra. Era uma pergunta muito importante, e, para mim, ela ecoava a intensidade do desejo de Jack desde que chegara a Bodh Gaya. Com certeza havia impaciência na sua abordagem.

A resposta de Munindra surpreendeu Jack.

"O Dharma é viver a vida de forma integral", respondeu.

Na época, Jack ficou confuso com a resposta. Pareceu um daqueles comentários que implicam em mais contemplação. Certamente desafiou a visão convencional do Dharma de se afastar da vida. Ele fez uma nota mental para refletir sobre aquilo mais tarde, mas basicamente deixou aquilo entrar por um ouvido e sair por outro. Mesmo assim, conforme os anos passavam, esse comentário de Munindra se tornou aos poucos o *koan*[4] pessoal de Jack, sobre o qual ele continua a ponderar. E veio a incorporar os ensinamentos que Munindra dedicou a ele, da mesma forma que a luz do Marrocos continuou a inundar a pintura de Matisse, muito tempo depois que ele voltou ao seu país natal.

Calma e urgência

O comentário de Munindra pode ser lido de diversas formas. Ao sugerir que o Dharma significa viver a vida de forma integral, ele imprimia em Jack a noção de que nenhum aspecto de sua experiência pessoal precisava ser rejeitado. Com essa visão inclusiva, até mesmo o desejo pode ser tratado da maneira "simples e fácil" que Munindra estimulava. Ao sugerir viver sua vida de forma integral, Munindra estava inspirando Jack a relaxar seu desejo, e também a ser simples e tranquilo com relação a ele.

Ele também estava remodelando de maneira oblíqua os ensinamentos das *stupas* budistas, nas quais as alegrias e os prazeres do mundo cotidiano levam o peregrino rumo ao centro, onde o coração dos ensinamentos budistas sobre o vazio e a impermanência residem. Ao se abrir para o desejo do mundo cotidiano, sugerem esses monumentos, podemos continuar a nos abrir para os desejos do mundo espiritual. Um não se opõe a outro, mas são aspectos diferentes da mesma mandala, com um servindo de portal ao outro, como os arcos decorados com cenas eróticas se abrem em espaços de meditação que circundam o vazio central. De forma verdadeiramente budista, Munindra estava minando a instância psicológica mais comum que trazemos em nossas vidas: a crença em nós mesmos como isolados, sozinhos e carentes, o apego ao ego separado. Quando abordamos o mundo dessa forma, o que conseguimos dele nunca é suficiente. O objeto sempre decepciona, deixando-nos apegados a ele ou nos sentindo rejeitados, colocados de volta na nossa posição isolada e

ABERTO AO DESEJO

insegura. Essa era abordagem que Jack estava incorporando inconscientemente, a mesma na qual Munindra recusava se engajar. Ele não queria que o desejo de Jack se tornasse um problema, reforçando seu sentido de isolamento em vez de conduzi-lo rumo à compreensão espiritual.

Finalmente, na forma hábil que Munindra conduziu as ansiosas perguntas de Jack, podemos vislumbrar o trabalho de um mestre budista contemporâneo. Ainda que Jack fosse um terapeuta que fora à Índia em busca de espiritualidade, o que encontrou foi algo de relevância semelhante ao mundo da psicoterapia. Nas suas interações, Munindra desafiou o apego inconsciente de Jack não por meio do ataque direto, mas atingindo-o quando ele estava com a guarda baixada, surpreendendo-o e se recusando a satisfazer sua expectativa. De maneira consciente, desviava o desejo de Jack, revelando a ele que havia outra forma de abordar aquilo que procurava. Quando Jack chegou procurando pelo Dharma, primeiro Munindra mostrou a ele seu negligenciado eu físico e, então, insistiu que ele alargasse sua visão para tornar o Dharma o mundo todo. Ele afrouxou Jack e modelou uma instância psicológica alternativa. Podemos ser diferentes, ele parecia sugerir, menos defendidos, mais relaxados, mais porosos e abertos, simples, tranquilos e ainda assim sermos nós mesmos. E a rota para essa mudança não passa pela eliminação do desejo, mas por expandir nossa compreensão costumeira disso. Do próprio jeito, Munindra estava articulando a antiga visão incorporada no mito de Shiva, bem como na compreensão psicanalítica da importância do feminino. A renúncia de um desejo apressado, faminto, aprofunda a capacidade de um engajamento mais apaixonado no mundo.

O papel de Munindra ao sacudir a orientação de Jack com relação ao mundo foi crítica. Dessa forma, ele foi a quintessência do professor espiritual. Jack pensou que sabia o que estava fazendo na Índia (estudando o Dharma), mas Munindra queria que ele o vivesse, não apenas o colocasse debaixo de um microscópio. Ao estimular Jack a crescer, demonstrou um importante princípio do budismo. Jack pensou que sabia quem era, o que procurava e como encontrar isso, mas Munindra podia ver onde ele estava preso. Seu trabalho como professor foi o de conscientizar seu aluno, libertando-o para que seu desejo o levasse para onde precisava ir, não para onde achava que estava indo. Para realizar isso, Munindra deu a Jack o espaço que ele necessitava para se desenvolver.

Área intermediária

O estado mental que Munindra estimulou em seu aluno tem um importante paralelo na psicoterapia. Ao modelar e fomentar um estado no qual ele era "simples e tranquilo", aberto, com as defesas abaixadas e sem noções ou expectativas preconcebidas, Munindra estava criando aquilo que na psicanálise é chamado de ambiente facilitado. Um ambiente facilitado é aquele que o pai ou a mãe cria para o filho ou filha no qual as defesas da criança podem ser baixadas, quando a criança pode "simplesmente ser" sem se preocupar em manter as coisas em ordem. Em um ambiente facilitado, a criança está livre para explorar seu mundo interior e tentar apascentar a natureza paradoxal da separação e da ligação com os pais. O ambiente facilitado promove crescimento porque dá à criança espaço para ir além dos pais, enquanto permanece presente o suficiente para não causar ansiedade. Permite à criança o que Winnicott chamou de "experiência de transição".[5]

A chave para compreender a experiência de transição é a brincadeira da criança. Quando uma criança relativamente segura brinca com seus brinquedos, todo o quarto fica vivo. Não é uma questão de um "eu" brincando com "objetos", mas de uma animação de todo o espaço. Winnicott denominou isso "área intermediária" da experiência, e falou da fluidez ou fluxo que surge quando uma criança é capaz de relaxar os limites de seu ego e investir os brinquedos com sua imaginação, com o seu eu. Essa capacidade, propôs ele, está na raiz da expressão criativa.

Um dos frutos importantes do caminho do desejo é que essa "área intermediária" se torna novamente acessível. Quando o desejo se abre de forma a não mais atacar o objeto de maneira ansiosa e faminta, mas dando espaço ao objeto, uma intimidade mais profunda e uma ligação mais segura se tornam possíveis. As interações de Munindra com Jack proporcionaram a ele exatamente esse tipo de experiência: ele queria que Jack vivesse sua vida de maneira integral e não apenas parcial, indo mais devagar para que os próprios objetivos não obscurecessem possibilidades maiores. No entanto, não é necessário viajarmos para a Índia ou o Marrocos para colhermos os benefícios dessa mudança. Às vezes é possível fazer isso na própria casa.

Uma das minhas pacientes, Flora, uma mulher de 45 anos, mãe de duas crianças, contou-me uma história recente que descreve uma

ABERTO AO DESEJO

versão diferente do mesmo cenário sobre uma interação que tivera com sua filha de dez anos. A filha de Flora tem um beliche no quarto, que sobrou quando ela era menor. Um dia, quando a filha estava na escola, Flora tirou a cama de cima do beliche e a colocou no quarto do outro filho. Ela não impôs essa mudança para a filha – tinham conversado a respeito –, mas ainda assim foi um choque. Sua filha ficou com raiva quando chegou em casa, e Flora ficou perdida, sem saber como lidar com a situação. Era uma mãe firme, e seu impulso foi o de reagir de um jeito duro. Seu desejo era de acabar com o problema tão rapidamente quanto possível. Mas Flora estava aprendendo a meditar, e a primeira lição de sua meditação era observar as próprias reações em vez de agir precipitadamente com base nelas. De alguma forma, pensou naquilo enquanto sua filha estava ficando com raiva. Em vez de falar a ela para crescer, ela apenas esperou. Não fez nada, mas ficou atenta enquanto a filha chorava e gritava. Logo, sua filha começou a falar. Parece que o colchão tinha poderes mágicos. Se não estivesse lá, a filha teria azar. Havia uma propriedade semelhante com as meias dela, o que explicava sua insistência de usar o mesmo par todos os dias. A mãe de Flora, que tinha sido um membro muito importante da casa, tinha falecido recentemente, uma perda que a família estava apenas começando a se acostumar, e esse pensamento mágico era uma das maneiras pelas quais a filha de Flora estava lidando com sua ansiedade. Uma vez expressa à sua mãe, os objetos perderam sua importância para ela. A vontade de sua mãe de não reagir abriu um espaço que pôde conter a ansiedade. Uma intimidade maior entre mãe e filha cresceu a partir da capacidade de Flora de refrear seus impulsos iniciais.

Na visão de Winnicott, grande parte do nosso sofrimento deriva de uma capacidade perdida dessa espera, uma confiança no modo de se relacionar masculino, que busca o objeto. Sem isso, estamos presos às nossas reações, nunca estamos num lugar inteiramente satisfatório. Conforme ele descreveu, "a pessoa que estamos procurando ajudar precisa de uma nova experiência num cenário especializado. A experiência é um estado sem propósito, como se poderia dizer, um tipo de checagem da personalidade não integrada".[6] As palavras de Winnicott são instrutivas, e o paralelo com a abordagem de Munindra não é acidental. O desejo não tem a capacidade de ser sempre satisfeito ao se atacar o problema, ou ao se tentar possuir ou controlar o objeto. Às vezes, um modo inteiramente diferente é necessário, no qual o eu abre mão, em vez

UM AMBIENTE FACILITADO

de ser satisfeito, em que a integralidade é encontrada por meio da subtração no lugar da adição.

Na sua descrição de "um estado sem propósito", Winnicott estava alcançando sem saber o âmago do budismo. Isso é o que Munindra mostrou a Jack: que é possível permanecer aberto e desejoso sem pular sobre ele na primeira – e mais óbvia – possibilidade. Sem propósito significa não ter objetivos fixos, mas não significa estar fechado. É o que dá acesso à abordagem "feminina" de espaço, aquela que facilita o crescimento. E uma personalidade não integrada é aquela na qual todo o esforço não é direcionado no sentido de manter uma falsa fachada. A meditação, como a psicoterapia de Winnicott, é uma forma de criar esse ambiente para o eu. Conforme Flora descobriu, também pode criar isso para o outro.

Quando meu filho tinha onze anos, tinha um cachorro que dormia com ele todas as noites. Não era um cachorro de verdade, mas um de pelúcia que fazia companhia para ele desde muito pequeno. O cão entrou na vida do meu filho quando fizemos uma viagem a Tucson, há muitos anos. Por isso, ele falava (quando eu o fazia falar) com um pouco de sotaque do Oeste. Ele me lembrava, por algum motivo que não me preocupei em analisar, o corpulento irmão de Michael Landon, da antiga série de TV Bonanza. Assim, mesmo meus filhos nunca tendo assistido a essa série, nós o chamávamos de Hoss. Ele era aquilo que tradicionalmente chamamos de *objeto de transição* – servindo como uma ponte entre pai e filho, uma fonte de conforto com um *status* peculiar, algo entre o eu e o outro, um portal à área intermediária que Winnicott descreveu tão bem. Na nossa casa, esse objeto de transição também tinha assumido o poder da fala, assim tendia a funcionar, às vezes, quando eu estava presente, como um tipo de alter-ego meu.

Eu não planejava de antemão o que Hoss iria dizer. Assim, ele costumava falar todos os tipos de coisas estranhas. Começou a chamar meu filho de "parceiro", por exemplo, e a fazer homilias do tipo "não beba e dirija" e "a roda da fortuna está sempre rodando e às vezes você está em cima e às vezes embaixo". Achei que era melhor Hoss dizer esse tipo de coisas do que eu ficar sempre as repetindo, por isso ele as falava muito. Quando pediam, Hoss contava sobre sua terra natal, em Boone Country, no estado de Kentucky (onde o irmão de minha mulher e a esposa dele moram), e encantava as crianças ao lembrar de como dormia numa cabana no quintal da casa de seus pais. Ele não fala mais tanto assim, talvez uma sentença ou duas à noite,

ABERTO AO DESEJO

antes de apagar a luz, mas nos primeiros dias era bem conversador. Nos dias seguintes à tragédia do World Trade Center, porém, Hoss se viu envolvido em um tipo de conversa totalmente diferente.

Vivemos em *lower* Manhattan,[7] bem perto da área mais atingida pelo desabamento das torres. Podíamos vê-las das nossas janelas antes do desastre, e, na sua aula de ciências, na escola em que estuda em Brooklyn Heights, naquela manhã de 11 de setembro, meu filho podia vê-las em chamas. Durante semanas depois do desabamento tivemos de passar por pontos de checagem da polícia ou do exército para chegar em casa e durante meses, dependendo da direção do vento, o ar que respirávamos tinha o cheiro acre de fumaça. Raramente havia um dia que não fosse preenchido com lembretes gráficos da destruição. Era como se um corte profundo tivesse sido aberto na nossa vizinhança e outro igualmente grande nas nossas psiques. Minha esposa e eu, como todos os adultos, ficamos num estado de agitação e preocupação quase incessante.

E no meio desse redemoinho, entrou o Hoss. Duas noites depois dos ataques terroristas, meu filho de repente começou uma conversa com ele. Estávamos de volta ao nosso lar, depois de termos passado uma noite na casa de um amigo, no Brooklyn. O barulho das sirenes nos cercava enquanto fazíamos nossos rituais noturnos.

"Ei, Hoss", disse meu filho. "Você ouviu o que aconteceu ao World Trade Center?"

Estávamos sozinhos no seu quarto, preparando-nos para ler histórias antes de ir dormir. De repente, fiquei mais alerta.

"Não posso dizer que ouvi falar a respeito, parceiro", respondeu Hoss. Meu coração estava batendo mais rapidamente, e sabia que tinha de ganhar tempo. Não era como quando as crianças falam o que vinha às suas mentes sobre a catástrofe. "O que aconteceu ao World Trade Center?", perguntou Hoss com inocência.

Hoss era, provavelmente, a única pessoa no mundo que não sabia o que tinha acontecido, mas isso não pareceu incomodar meu filho. Deixou-o numa posição de transmitir algumas informações essenciais.

"Os terroristas sequestraram dois aviões e voaram contra o World Trade Center e as torres caíram. Você não ouviu falar sobre isso, Hoss?"

Uma das coisas interessantes sobre essa discussão era observar meu filho quando ele estava participando delas. Ficava tão concentrado. A brincadeira, conforme o psicólogo desenvolvimentista Jean

Um ambiente facilitado

Piaget sempre dizia, é o trabalho da criança. Hoss estava deitado na cama. Eu estava numa cadeira do outro lado do quarto e meu filho estava pulando entre nós. Não era como se ele pensasse que estava falando diretamente com o animal – estava claro para todos nós que era eu quem respondia. Mesmo assim, havia uma suspensão intencional de descrença que permitia a conversa desenrolar. Ele sabia que estava falando comigo, mas também sabia que não era eu. Havia uma alegria nessa interação que não estava presente no resto dos seus encontros com os adultos durante esse momento devastadoramente triste das nossas vidas. Ele estava claramente feliz de contar a Hoss as más notícias. E eu tinha de tomar uma dessas decisões de último segundo. Como Hoss iria responder? Se fosse seguir os próprios objetivos, teria de ser tentar acalmá-lo naquele momento, ou talvez, de forma "terapêutica", questionar meu filho sobre como ele tinha se sentido nos últimos dias. Mas por sorte percebi uma alternativa. Também estava querendo suspender minha descrença. As palavras saíram sozinhas da minha boca.

"De que você está falando, parceiro? Terroristas, sequestros, prédios desmoronando! Veja só. Que imaginação você tem. As pessoas não pilotam aviões lançando-os contra prédios, você sabe disso!"

Começamos a rir. Eram as primeiras risadas desde aqueles horríveis acontecimentos. Hoss estava claramente dizendo a verdade, a verdade conforme a conhecíamos. E eu estava dizendo, na brincadeira, o que eu não podia dizer de fato. No pequeno palco do quarto de uma criança, a velha verdade e a nova verdade estavam se resolvendo.

"Hoss não acredita em mim sobre os sequestradores", suspirou meu filho. "Ele acha que estou inventando isso." Acho que estávamos vivendo o que a audiência da rede nacional de televisão viveu quando David Letterman fez seu primeiro programa pós-apocalíptico. A coragem e o alívio da risada. As coisas pareceram muito mais equilibradas. Embora estivesse absolutamente errado, Hoss estava absolutamente certo. As pessoas não lançam aviões contra prédios. Mas o único que podia falar aquilo naquele momento era um animal de pelúcia que nem podia falar de verdade. O alívio encheu o rosto do meu filho enquanto ele contava a Hoss a história dos últimos dias.

Tive sorte de essa conversa ter ocorrido numa hora tão crítica. Alguma coisa essencial aconteceu que permitiu o processamento da terrível informação em um nível emocional. Àquela altura já conhecíamos os fatos, mas não tínhamos começado a digerir nossos sentimentos. Precisávamos um do outro para fazer isso e ajudou termos um objeto inanimado, porém animado, para servir de intermediário entre nós. Era como se pudéssemos despejar e retirar nossos sentimentos por meio de Hoss, como se ele fosse um vaso que contivesse nossas emoções enquanto elas passavam por ele. Ele era nosso Hanuman, a ponte entre o eu e o outro que permitia a duas realidades subjetivas, duas pessoas, moverem-se para dentro e para fora um do outro.

Tenho uma amiga que me disse ter deixado sua televisão ligada dia e noite durante 72 horas depois de 11 de setembro, mesmo quando estava dormindo ou fora de casa, com medo de perder alguma coisa e por causa da necessidade de conforto e proximidade. Foi nesse estado que ficamos durante meses após o ataque terrorista. No entanto, o pronto acesso a tanta informação colocou as pessoas numa posição compromissada. Somos o único animal que diante do trauma continua a agir da mesma forma, passando e repassando aquilo que já aconteceu e que nos assustou. De fato, ainda que nossa língua nos diga que o que estamos fazendo é passar e repassar, na verdade estamos fazendo exatamente o oposto. Nós não brincamos, como eu e meu filho fizemos com Hoss; repetimos. Ao repassar interminavelmente o trauma, nós o gravamos de maneira ainda mais concreta nas nossas psiques, mesmo desejando o conforto e a proximidade que nossas ações acabam evitando.

Como terapeuta, não perdi a lição de Hoss. Bons terapeutas são brincalhões por natureza – e uma boa brincadeira é, por natureza, terapêutica. Tive muita sorte de me lembrar disso de forma tão rápida depois da tragédia, não apenas para o bem do meu filho, mas também pelo meu bem. Embora o trauma e a ameaça tendam a anular o desejo de brincar, eles intensificam sua necessidade. Ao viver em tempos incertos, não podemos existir unicamente em um estado de apreensão. Não foi à toa que o prefeito Giuliani abraçou os Yankees com um entusiasmo infantil nos meses seguintes ao ataque.

A brincadeira é uma daquelas coisas, como sonhar, que parecem supérfluas, mas sem as quais não podemos viver. Como sonhar, o jogo é impulsionado pelo desejo. É uma emergência natural, uma expressão espontânea do eu que precisa superar todos os tipos de situações ameaçadoras, as quais lançam a pessoa em confronto com a própria solidão. Como as conversas de meu filho com Hoss deixaram claro, a brincadeira bem-sucedida revela tanto a verdade

UM AMBIENTE FACILITADO

como a falsidade dessas ameaças – elas se tornam trauma apenas quando não há saída. Apesar de não poder ser forçada, a brincadeira não parece acontecer por si mesma, por vontade própria, se as circunstâncias estiverem certas e se as pessoas estiverem querendo suspender temporariamente seus objetivos. Seu espírito emerge. A brincadeira criativa surge naturalmente a partir de um estado relaxado. Ela se abre quando uma criança sabe que seu pai ainda está presente, mas ao fundo, disponível mas não interferindo, apoiando, porém sem fazer exigências.

No modelo que estou descrevendo, a brincadeira é a maneira natural de a criança lidar com a desconexão que ameaça, mas que não se torna, de fato, trauma. Nesse sentido, é um modelo daquilo que é possível quando o desejo surge contra o vazio entre a satisfação e a realização. Em lugar de se retirar frustrado ou de reagir com raiva, há outra alternativa que conhecemos desde a infância.

Em meio à incerteza, ou diante do desastre, podemos tender a sacrificar nosso lado mais brincalhão. Certamente, com muita frequência, é uma das mais infelizes consequências de "crescer". Parte do charme das memórias de Jack Engler sobre sua visita à Índia está na forma hábil de Munindra lidar com a seriedade do propósito de Jack. Ao criar um ambiente facilitador, Munindra reintroduziu Jack em sua natureza brincalhona, exatamente como meu filho me lembrou da minha. Conforme aprendemos, podemos nos abrir mais e mais a um desejo que é simples e fácil: aquele que não precisa se apegar ou controlar, mas que pode ser constantemente surpreendido. Como os ensinamentos de Buddha nunca se cansam de mostrar, às vezes menos é realmente mais.

Notas

1. Veja *Knopf guide to Marroco*. New York: Borzoi Books, 1994, p. 104-105.

2. *Plantago psyllium* (NT).

3. As histórias sobre Munindra de Jack Engler foram usadas com a permissão de Engler e transmitidas via comunicação pessoal em novembro de 2003. As lembranças de Joseph Goldstein podem ser encontradas na edição de primavera de *Trycicle:* the buddhist review (v. XIII, n. 3), p. 55.

4. De forma geral, *koan* quer dizer "problema". Uma característica do zen-budismo, os *koans* são, na verdade, proposições à primeira vista estapafúrdias, cuja reflexão leva a mente a desenvolver outra perspectiva sobre a realidade, diferente daquela a qual se acostumou no cotidiano (NT).

5. D. W. Winnicot, *Playing and reality*. London & New York: Routledge, 1971, p. 79-85.

6. Ibid., p. 55.

7. Na ilha de Manhattan, como em muitas outras cidades americanas, as ruas são numeradas. Os números mais baixos (*lower*) localizam-se na parte sul da ilha, onde ficava o World Trade Center; os mais altos ficam no Harlem, no extremo norte (NT).

Capítulo 9

O fruto

O caminho de Buddha treina a mente para fazer o inesperado. Ele faz isso ao nos ensinar como entrar com vontade em um estado sem propósito, no qual o "fazer" e o "ser feito para" dão lugar à alegria mais simples do "ser". Buddha foi muito claro a respeito do quanto essa abordagem diferia da convencional. "Vai contra a corrente", comentou ele no primeiro momento após a iluminação. "Outros não irão me compreender. Isso será cansativo e problemático para mim".[1] Não obstante, Buddha conseguiu encontrar um caminho fora dessa previsão. Ele propôs um método que teve sucesso em captar a atenção das pessoas. Na sua forma mais pura, envolve não fazer nada: sentar-se em meditação solitária sem ser manipulado pelos gostos e desgostos. Mas esse "nada" estava longe de não ser inspirador. De uma forma diferente de quase todas as outras grandes religiões do mundo, o budismo passou de cultura a cultura unicamente por virtude de suas ideias, e nunca por meio de exércitos conquistadores. A promessa que oferecia, alívio do sofrimento por meio do aprendizado da arte do não-apego, fazia tanto sentido que as pessoas de formações e culturas incrivelmente diversas desejavam experimentá-lo.

O fator interessante sobre seu método é que, embora seja quase sempre praticado em meditação solitária, não precisa necessariamente ser assim. Também pode ser praticado no mundo. Não exige que apenas desistamos dos nossos desejos, mas que apenas voltemos nossa atenção a eles de uma forma honesta. Na sua formulação do Caminho da Esquerda, o budismo sai da sua trilha para mostrar que a maior parte dos desejos sensuais podem ser trazidos a essa prática. Até mesmo o ato sexual pode ser usado para treinar a mente.

Resistência

Conforme essa possibilidade se filtrou na consciência popular, ela tem sido, por vezes, colocada a serviço de usos defensivos e não apenas espirituais. A mente, como vimos, pode se apegar a qualquer coisa, até mesmo aos conceitos de não-apego. Ouvi várias histórias na prática terapêutica, por exemplo, sobre homens que se abstêm de ejacular durante o sexo. Sob a roupagem da sexualidade tântrica, esses homens se retiram das relações sexuais depois de algum perío-do de coito, deixando suas amantes insatisfeitas ou acreditando que são inadequadas. Suas parceiras, em vez de se sentirem elevadas, sentem-se decepcionadas.

Um paciente meu chamado Bob, por exemplo, era um homem atraente, com um sorriso cativante, e também um grande devoto da beleza e do charme femininos, mas era um tanto inoportuno com as mulheres. Dava a impressão de interesse completo quan-do conhecia alguém por quem se sentia atraído. No entanto, ele quase sempre desaparecia se ela retornasse a atenção de maneira óbvia. Ele intrigou muitas possíveis namoradas com essa levianda-de. Casado quando tinha vinte e poucos anos, Bob era agora um médico bem-sucedido de mais ou menos 45 anos. Estava separado havia quase 20 anos e tinha se tornado um bom jogador de golfe. Bob levava uma vida calma, independente, e tinha muita atração pelas filosofias da yoga e da meditação.

Nas suas relações sexuais, Bob quase sempre enveredava por um caminho tortuoso. Ele iniciava o sexo, participava durante um tempo, mas, então, se abstinha de ter orgasmo, explicando suas ações em termos de yoga sexual. Eu tinha suspeitas, porém. Não ouvia rela-tos de alegria e gozo, apenas de desligamento. Confrontei-o a esse respeito, refletindo sobre o que eu conhecia a respeito do Caminho da Esquerda. Eu entendia, disse a Bob, que a chave da yoga sexual era a vontade de renunciar o apego estando em meio ao desejo, sem abandonar Eros. Essa habilidade, a qual é outra forma de descrever

O FRUTO

o ceder do modo masculino orientado pela busca do objeto em prol do modo feminino de simplesmente ser, deve abrir a possibilidade da "contemplação compartilhada" da união obtida pela yoga.[2] Isso permite um entendimento no qual, na linguagem da yoga, energias, respirações e fluidos de cada parceiro se misturam de forma a se estenderem a um estado de bem-aventurança, o qual não é acessível ao praticante individual.

"Você está vivenciando esse tipo de reciprocidade?", perguntei a Bob. Não estava. De fato, era o contrário. Sentindo-se culpado por não se entregar, Bob procurava fazer com que suas namoradas não se envolvessem com ele.

"Não quero que vejam como sou grosso", admitiu. Observei que era exatamente isso o que elas estavam vendo.

Bob acreditava no amor romântico e ficou decepcionado com o fracasso do seu primeiro casamento. Porém, de uma forma reversa do modelo do amor cortês, o qual é a base das nossas noções de romance, Bob transformou-se em um objeto do desejo ausente. Suas namoradas eram como cavaleiros medievais em busca das suas afeições, sempre se dissolvendo. Bob abandonou o papel do perseguidor, mas não se libertou por completo do esquema. Simplesmente se transformou no objeto perseguido.

Mas essa colocação do modo tradicional de se relacionar não foi o bastante para levá-lo ao Tantra. Bob e suas amantes não estavam aproveitando seu desejo nem se satisfazendo. O desejo de Bob não podia ser encontrado em lugar algum. Quando falamos sobre isso, ele percebeu o quanto se culpava pelo fim inevitável do seu primeiro casamento. Ele ainda não tinha se desapegado da primeira esposa, ou pelo menos de seus sentimentos sobre o fracasso do casamento. Seu luto incompleto interferia na sua capacidade de se dar às novas paixões. Seu Tantra não era, na verdade, Tantra. Em lugar de se abrir e à sua parceira aos estados inexplorados de consciência mútua, Bob se apegava a um estado particular de excitação no qual ele era o objeto. Escondia-se nesse estado, sob o disfarce de yogue sexual, nunca se permitindo – ou suas parceiras – entrar em áreas mais férteis de intimidade erótica onde dois sujeitos exploram as naturezas não captáveis um do outro. De certa forma, ele era como uma pessoa viciada em meditação pacífica. Achava conforto em sua capacidade de prolongar a excitação, assim como muitos praticantes de meditação se confortam com o relaxamento autoinduzido. Mas ele estava preso, usando ideias de yoga sexual para limitar sua entrega.

Há um antigo ditado tibetano, citado por Tsoknyi Rinpoche num retiro recente. Ele se referia a um tema comum na meditação – pessoas que se apegam às suas técnicas –, mas sua observação podia ser facilmente aplicada a dinâmicas como a de Bob.

"Como as águas nas altas montanhas melhoram ao cair", disse ele, "também a meditação do yogue melhora ao se dissolver".

Mesmo em estados de absorção meditativa muito refinados, implica o ditado, uma versão do eu pode persistir na forma objetificada. Em algum lugar dentro da consciência do meditador ele ainda poderá pensar: "ah, como eu sou um bom yogue". Assim, sua meditação poderá melhorar ao se dissolver. O eu precisa fluir, não ficar preso. A mesma coisa pode-se dizer a respeito da ereção de certos yogues. Eles também podem melhorar ao se dissolver. O apego, em qualquer estado, não importa o quanto seja idealizado, apenas perpetua o sofrimento.

O desejo do outro

Em contraste com os caminhos mais bem conhecidos da renúncia e do ascetismo, o caminho do despertar sensual – o Caminho da Esquerda – usa a paixão comum para desenvolver a mente de uma maneira análoga àquilo que pode ocorrer na meditação solitária. Primeiro, a vontade passional do desejo erótico é usada para desenvolver uma vida pessoal interior expandida, exatamente como a introspecção solitária da meditação clássica pode fazer. Isso é feito ao se introduzir uma pessoa no vazio entre a satisfação e a realização e encorajá-la a entrar no espaço, em vez de evitá-lo. Isso promove o confronto com o apego e a percepção de que há um limite sobre quanta posse ou controle é possível. A natureza "objetiva" da realidade começa a se quebrar. Os objetos se tornam sujeitos, um processo que é facilitado pelo exame do apego. É isso a que Bob pode ter estado resistindo. Em lugar de se abrir para a experiência subjetiva de sua amante, ele se retira para o próprio medo. Em vez de usar o encontro erótico como uma janela para a natureza efêmera do eu e do outro, ele se fechava e se distanciava da experiência da sua amante.

Mas os ensinamentos secretos do Caminho da Esquerda aconselham a abordagem oposta. Ao se abrir para o inefável desejo do outro, sugerem esses ensinamentos, podemos ir além do sujeito e do objeto, percebendo a última base de realidade – chamada de "vacuidade" – em meio a experiências agradáveis. Seja abordada por meditação solitária ou desejo sensual, a mais elevada yoga da meditação budista envolve misturar bem-aventurança e vacuidade numa experiência conhecida como não-dualidade.

Conforme essa abordagem foi postulada na linguagem deliberadamente ilusória dos Tantras, ela foi, com efeito, escrita no corpo da mulher. Seja porque a cultura do budismo medieval era dominada pelos homens e, então, a perspectiva feminina representava o "outro" desconhecido, ou porque o desejo feminino realmente detém um segredo criticamente importante, não sei. Mas as imagens femininas impregnam toda a literatura do Caminho da Esquerda. Sempre entendido como linguagem secreta, o amplo uso de tais imagens devia ser decifrado apenas àqueles iniciados nesse caminho. Mas conforme o lemos, a inconfundível atração da contemplação compartilhada do casal erótico pode ser sentida. O desejo feminino de se libertar do *status* de objeto é alto e claro. E esse desejo é valorizado como a fundação da sabedoria libertadora que tanto almejamos.

A apreciação da perspectiva da mulher do desejo se tornou tão importante nos ensinamentos místicos secretos do Tibete que era uma exigência na seita dominante do Budismo Tibetano que os monges celibatários tivessem uma amante em algum ponto da sua prática para fazer sua mente entrar em contato com isso. O objetivo de fazer amor não era apenas abrir uma experiência sensual proibida à contemplação meditativa (embora isso fosse sem dúvida parte disso), mas sim colocar a mente do praticante de meditação (normalmente homem) em contato com a inapreensível bem-aventurança da sensualidade feminina. O filósofo francês Daniel Charles comparou essa sensualidade com a do arrozal.[3] Num arrozal, cada talo de arroz faz uma ligação subterrânea com uma rede composta de todos os talos. Em vez de se aglutinar num grande bulbo (como um falo), os rizomas do arrozal formam uma matriz a qual todos se conectam. O desejo é dispersado, mas mantido numa rede subterrânea cuja vitalidade total nutre o todo. Enquanto a sensualidade masculina é como um golpe vertical, a da mulher pode vir a ocupar tudo.

Uma margem de rio

Conta-se que um dos mais renomados líderes e filósofos da história do Tibete, o reformador do século XIV Je Tsong Khapa,

ABERTO AO DESEJO

abriu mão da oportunidade de tomar uma amante como parte da sua busca pela meditação ainda mais elevada. Achou que os outros monges estivessem prontos para compreender e assim escolher postergar sua experiência com o fazer amor para outra vida. No seu tempo, isso era um grande sacrifício, pois entendia-se que a relação sexual era o método mais direto para se ter uma pequena ideia do nirvana. Contudo, seus comentários sobre o *Chakrasamvaratantra* mostram uma apreciação do aspecto libertador da sensualidade feminina e das formas nas quais essa sensualidade se iguala ao nascimento do sujeito.

Numa leitura inicial, o que provavelmente foi a intenção dos autores, essas qualidades sensuais não são encontradas em nenhum lugar. O Tantra parece ser uma descrição relativamente direta dos ritos e rituais da prática esotérica. No seu primeiro capítulo, possíveis praticantes recebem instruções sobre como desenhar uma mandala sagrada, um círculo dentro do qual o processo meditativo transformacional pode se desdobrar:

Desenha a mandala em uma montanha,
Num vale medicinal ou floresta,
Próximo à margem de um grande rio,
Ou em um crematório primordial.

As instruções não parecem ser tão ambíguas. Pode-se sentir tentado a segui-las sem prestar muita atenção ao seu sentido. Não obstante, Tsong Khapa desvenda seu significado secreto em seu comentário. Apesar de não usar de forma explícita a metáfora do arrozal, chega bem perto. A mandala, ele deixa claro, deve ser desenhada sobre o desejo de uma mulher. Todas as metáforas, a montanha, a propriedade medicinal, o vale, a floresta, a margem do rio e o crematório se referem ao alcance infinito do desejo sensual de toda mulher.

Pelo fato de sua grande bem-aventurança ser imperturbável,
Ela é uma montanha.
Pelo fato de os seres inferiores não alcançarem sua profundidade,
Ela é uma floresta.
Pelo fato de sua caverna ser cheia de néctar,
Ela é uma grota.
Pelo fato de a união, a sabedoria e a aptidão serem profundas nela,

O FRUTO

Ela é a margem do rio.
Pelo fato de (conhecer) o estado natural além do
nascimento e da morte,
Ela é primordial.
Pelo fato de ser objeto de grande bem-aventurança,
Sua atividade é natural.
Pelo fato de queimar as visões dos primeiros discípulos e dos reali-
zadores solitários no fogo da grande paixão,
Ela é um crematório.[4]

No poema de Tsong Khpa, a primeira coisa que fica aparente é sua intensa idealização da mulher. Familiar a todos os que já se apaixonaram, sua hipérbole nos lembra do "encanto" que pode cair sobre alguém hipnotizado pelo desejo erótico. Mas a intenção de Tsong Khapa era ir além. O "objeto" não pode corresponder à idealização do amor romântico – ele decepciona em algum ponto. O que nos salva é a natureza inapreensível do sujeito, a inefável qualidade particular do amante a quem não se pode se apegar. No comentário de Tsong Khapa, a metáfora para isso é a vastidão do amante.

A mandala sobre a qual o despertar se desdobra, conforme Tsong Khapa deixou claro, é a expansão interpessoal criada pelo desejo da mulher. Isso pode ser sentido em todo o seu poema. No sentimento de êxtase que é mais comumente associado com a experiência erótica, também podemos encontrar a bem-aventurança disponível na meditação. Em termos budistas, essa é a bem-aventurança que surge quando vemos o vazio do eu. As experiências eróticas capturam nossa imaginação porque nos dão um vislumbre dessa realidade. Sob o encanto da paixão, tanto o eu como o outro se dissolvem. E é a sexualidade feminina, com sua necessidade intrínseca de espaço, sua dispersão do desejo por todo o corpo e sua valorização da voz subjetiva, que tem a chave. Os ensinamentos esotéricos budistas sugerem que quando damos atenção a esse tipo de desejo, ele nos ensinará aquilo que Buddha queria que compreendêssemos.

Tsong Khapa detalhou alguns ensinamentos que podem ser conhecidos, ou não conhecidos, como resultado. Ele descreveu não só uma troca carregada de erotismo, mas também um estado de consciência libertador. Tomou o modelo masculino de desejo baseado no objeto – o mesmo desejo que Jack Engler mostrou na sua busca pelo Dharma – e o explodiu sobre o corpo de uma mulher. A bem-aventurança dela, declarou ele, é imperturbável; não pode ser tocada. Sua profundidade não pode ser mensurada. Ela não pode ser controlada, possuída ou contida, nem pode ser abordada da maneira comum. A qualidade "primordial" da mulher, "além do nascimento e da morte", é uma consciência não dividida por um modo de percepção baseado no objeto.

A paixão de um relacionamento erótico, uma vez que a perspectiva feminina seja incluída, é capaz de queimar nosso modo de pensamento baseado no objeto. Da mesma forma como Shiva queimou Kama, mas então o fez ressuscitar, essa paixão pode fazer o desejo ressuscitar de um modo novo e espaçoso. Numa reviravolta que Freud talvez tivesse apreciado, a perspectiva feminina do desejo é em última instância libertadora. Adotá-la permite uma olhadela na natureza característica e fundamental da natureza da realidade, da qual todos nós viemos.

Graça

Os ensinamentos dos Tantras sexuais convergem todos a um mesmo ponto. Embora o desejo, ou qualquer linha ou forma, busque ser realizado, há outro tipo de união, diferente daquela que imaginamos. Nessa união, realizada quando o modo egocêntrico do pensamento dual não é mais dominante, não somos unidos com *ele*, nem *eu* me uno a *você*, mas todos simplesmente somos. O movimento do objeto ao sujeito, conforme descrito tanto na meditação oriental como na moderna psicoterapia, está treinando para essa união, mas sua percepção normalmente surpreende, mesmo quando a mudança está em curso. É um tipo de graça. A ênfase nas relações sexuais nos ensinamentos tântricos deixa claro que a surpresa do êxtase do orgasmo é a melhor aproximação dessa graça. Não obstante, isso pode acontecer a qualquer momento, uma vez que está acontecendo em todos. É apenas nossa maneira convencional de pensar que a esconde de nós.

Tanto as relações amorosas como a meditação solitária encorajam essa passagem por meio de minar a maneira como normalmente nos relacionamos. Eles fazem isso ao nos comprometer com a busca do impossível. No amor, buscamos o outro e descobrimos que ele ou ela são inacessíveis, enquanto na meditação buscamos o eu e descobrimos que ele é igualmente inefável. Algumas vezes,

O FRUTO

porém, sem aviso prévio, em meio a essas buscas, quando o equilíbrio da mente está correto, surge uma experiência que designamos como unificação. Mas até mesmo essa designação é problemática. Unificação implica a existência de dois ou três, só que essa experiência mostra o contrário. Em vez de apontar para a presença daquilo que permeia o mundo da dualidade, aponta para uma união que já está presente, não aquela que tem de ser alcançada. Desperta um sentimento de completude, não por criar um novo inteiro, mas por expor a miragem. Enfraquece nossas noções do eu e do outro, sujeito e objeto e observador e observado. Embora não contradiga a experiência convencional, coloca-a em uma perspectiva apenas relativamente real.

Na melhor das hipóteses, o desejo tem a capacidade de revelar a natureza que sustenta a realidade e nos ajuda a descobrir nosso estado natural. É por isso que acredito que Kasyapa sorriu quando Buddha ergueu sua flor. O estado natural não é algo que pode ser transformado em um objeto, nem pode ser encontrado quando o procuramos como um objeto. Pode ser apenas vivenciado pela experiência pessoal. As palavras e os símbolos usados para evocar ou descrevê-la podem ser úteis, mas vêm após o fato e não vão muito longe. Conforme atingem o pico, dão um sentido do sabor de alguma capacidade escondida do eu: a capacidade de saber sem recorrer à objetificação. Em seu aspecto de sabedoria, diz-se que o estado natural é luminoso e conhecedor; indefinível e indescritível; claro, inabalável, fértil e vazio; inapreensível pela linguagem ou pelo pensamento conceitual. Na linguagem erótica oculta do Budismo Tibetano, a bem-aventurança do outro é sua mais perfeita expressão. É isso o que o desejo busca, mas não sabe como obter.

A meditação, como o desejo, abre a vida interior. A mente é treinada para observar seu modo de operação comum baseado no objeto ("quero isto, não quero aquilo"), mas esse treinamento da auto-observação aprofunda a capacidade da individualidade. Confere dimensão ao eu. Cedo ou tarde, começa-se a notar experiências que "não são ordenadas pela linguagem, conceitos ou resposta emocional".[5] Quanto mais a vida interior se abre, mais misteriosa ela se torna. Se fôssemos tentar colocar em palavras a questão que pode nos trazer a esse ponto, ela soaria mais ou menos assim: "estou sentado e observando minha mente. Quem está observando e quem está sendo observado? Vejo que sempre há consciência, uma consciência presente. Sou eu? Mas o eu que está consciente dessa consciência é diferente da percepção própria dessa consciência. Onde estão os limites do meu eu?" Quanto mais se é capaz de definir o problema, menos certeza pode-se ter. O processo é de entrega gradual do que chamamos "pensamento dual", a separação da experiência do observador do observado, ou do sujeito do objeto. Em última instância, não há nada a fazer a não ser desistir.

O sujeito da consciência

O psicólogo budista Jack Engler, em um texto notável sobre a natureza mutável da experiência do eu na meditação, descreve a abordagem da não-dualidade com especificidade elegante.[6] É a mesma pessoa cujo professor, Munindra, perguntou em primeiro lugar sobre o estado de seus intestinos. Mas alguma coisa mais se desdobrou nas meditações de Engler, pois ele tomou um conceito muito obscuro e o tornou compreensível em seus escritos. Ao abrir o campo da consciência a fim de incluir todos os objetos da mente e do corpo, observa ele, o praticante de meditação tem em algum momento que confrontar o confuso problema da fonte da consciência. Não há nada tão atormentador quanto tentar observar a consciência conforme ela emerge. Como Engler nota corretamente, nas descrições de Freud sobre o método psicanalítico, ele deixa clara a habilidade do ego de se tomar por objeto. Numa famosa afirmação, Freud descreve o ego da seguinte maneira: "ele pode tratar a si mesmo como qualquer outro objeto, observar a si mesmo, criticar a si mesmo, sabe Deus o que mais sobre si mesmo".[7] No entanto, Engler revela um importante, porém pouco considerado, corolário: o ego não pode ver a si mesmo como *sujeito* da consciência.

O que ele quer dizer? Trata-se de uma percepção essencial do Caminho da Esquerda. A subjetividade nunca pode ser completamente conhecida. Ao tentar saber isso, ele se transforma em objeto e despe-se de sua qualidade subjetiva. A única forma de conhecer isso é ser. É aqui que as lições do desejo começam a se manifestar no reino pessoal. Ainda que procuremos ver nossos amantes como objetos, somos imediatamente levados à praia da sua subjetividade. E da mesma forma que não podemos localizar ou possuir a subjetividade deles, não podemos conhecer completamente a nossa subjetividade. Nas relações amorosas descobrimos

O FRUTO

que nossos amantes estão fora de alcance, mas podemos aprender a aproveitar sua qualidade individual, na expansão interpessoal que a sexualidade feminina torna possível. Durante a prática da meditação, descobrimos que, de maneira semelhante, nossa consciência está sempre nos iludindo e a solução é paralela. Como um amante experiente, conforme a consciência se abre, ela também se evade. Para saber isso, temos de abrir mão de tentar prendê-la. Ouça as descrições das experiências de meditação de Engler:

Do que quer que eu possa ter consciência, tudo o que percebo ou conceituo, seja no campo da percepção sensorial ou intrapsiquicamente, é sempre um objeto da minha consciência – nunca a consciência em si. Posso me tornar consciente de estar consciente, mas quando isso acontece, o que eu fiz foi tomar essa consciência reflexiva como objeto de experiência. O que não posso fazer é estar consciente da fonte da consciência no ato de estar consciente. Em outras palavras, não posso observar diretamente meu eu observador. Se eu tentar, ele retrocede toda vez que me volto para observá-lo: nunca "o" capturo; apenas transformo o ato de consciência em outro objeto de consciência numa regressão infinita.[8]

Embora a observação de Engler possa parecer difícil, para qualquer um que já tentou meditar não é difícil de compreender. Qualquer coisa da qual tenhamos consciência se transforma num "objeto", exatamente como acontece quando tentamos fazer uma sentença a seu respeito. "Tenho consciência disso". Não importa o quanto tentemos, uma sensação de separação entre nós e nossa experiência é inevitável. O ego sempre é dividido. No entanto, há certas situações nas quais outro tipo de percepção emerge. Conforme descrevem os adeptos do Tantra, há momentos em que nos defrontamos com uma rendição completa do modo relacional baseado no objeto, quando nadamos na subjetividade do outro. A natureza "não-dual" das coisas pode então ser compreendida.

É aqui que a yoga do desejo entra em ação. A abordagem clássica do Budismo Tibetano é igualar a "subjetividade sem sujeito" da natureza da mente com a imensurável qualidade própria de um amante. Tudo isso é combinado numa divindade feminina chamada *dakini*. Traduzido literalmente como "viajante do espaço" ou "dançarina do espaço", a *dakini*, cuja forma erótica espelha as primitivas divindades indianas da fertilidade vistas nas primeiras *stupas* budistas, representa a mente quando é compreendida enquanto "nenhum objeto de nenhum tipo".[9]

O veterano lama tibetano Chogyam Trungpa deu, certa vez, uma boa resposta quando perguntaram a ele "o que são *dakinis?*"

"Nunca se sabe", respondeu, indicando seu verdadeiro significado.[10]

Na visão simbólica, quando um yogue descobre a vasta expansão subjetiva da sua mente e aprecia sua natureza de não-objeto, isso é igualado ao encontro com a *dakini*. Mas a beleza da abordagem tântrica é que ela não é verdadeira apenas na linguagem simbólica, mas também pode ser vivida no mundo real. Conforme o estudioso budista Jeffrey Hopkins explica em diversos livros que escreveu sobre o assunto, o Budismo Tibetano tem fama de ser "simpático ao sexo". As paredes dos templos tibetanos são adornadas com pinturas de homens e mulheres em estados de excitação sexual. A felicidade que advém do fazer amor permite ao casal passar por um portal que leva ao domínio da *dakini*.

Grande parte dos relatos de yoga sexual descreve métodos para tornar esse estado de consciência acessível. O homem é estimulado a dar prioridade à excitação da sua parceira antes da própria. Há um enfoque deliberado da excitação da mulher e um exacerbar da sensualidade correspondente. Os dois parceiros são encorajados a elevar os sentimentos agradáveis a partir dos seus genitais para preencher o resto do corpo, prolongando sua união ao mesmo tempo em que fomentam a bem-aventurança sexual de forma a envolver mente e corpo. De forma reversa da dinâmica sexual usual, os homens são estimulados a absorver as secreções da mulher – beber sua bem-aventurança – em lugar de simplesmente ejacular. Tudo isso está a serviço da abertura do modo de relacionamento sensual, intersubjetivo, usando o prazer genital como fundação de uma contemplação compartilhada em vez de ser um fim em si.

Por querer o desejo

Em um livro recente, Adam Phillips escreveu sobre as discussões de Freud a respeito do desejo de uma forma que sugere que Freud sabia mais sobre o Tantra do que poderíamos suspeitar.[11] Phillips recontou uma história de Freud de um texto muitas vezes desprezado chamado *On transience* (Sobre a transitoriedade). Aqui, Freud contou sobre um passeio no campo que fez com dois amigos, os quais estavam absolutamente fechados para a beleza de tudo que os cercava. Freud ficou confuso pela incapacidade deles de se abrirem e começou a analisar qual poderia ser o problema com eles. Seus corações estavam fechados, faltava-lhes desejo, mas ele não conseguiu imaginar o porquê. Toda a discussão de Freud pode ser lida, de fato, como um ensinamento tântrico, feito nos Alpes Austríacos. Era como se ele estivesse desenhando a mandala sagrada sobre a qual Tsong Khapa escreveu séculos antes.

Depois de alguma reflexão, ele encontrou uma explicação para o estado mental de seus companheiros. Era a transitoriedade do mundo físico que enervara seus amigos, decidiu ele. Estavam se resguardando de um sentimento de tristeza que era uma parte indivisível da apreciação. Como um amante que foi magoado muitas vezes, os amigos de Freud estavam se mantendo distantes, não abordáveis, para evitar a rendição emocional que a cena evocava por causa da não confiabilidade última da natureza. Estavam presos a um estado de luto abreviado ou interrompido. Sem desejar abraçar o mundo com toda sua efemeridade, retiraram-se a um lugar triste e inacessível. Freud ficou incrédulo. "Era incompreensível, declarei, que o pensamento da transitoriedade da beleza pudesse interferir com nossa alegria... Uma flor que se abre apenas numa única noite não parece a nós, nesse sentido, menos adorável."[12]

Mas Freud foi logo persuadido que as reações de seus amigos não eram uma anomalia. Conforme Phillips concluiu, na distorção de uma frase, parecia haver dois tipos de pessoas no mundo, "aquelas que podem apreciar o desejo, e aquelas que precisam de satisfação".[13] Um tipo se apega, outro não. Os companheiros de Freud pertenciam com certeza à escola que precisa de satisfação; mas Freud, o apóstolo da gratificação instintiva, era alguém capaz de compreender a apreciação do desejo. Essa distinção está no coração do Tantra sexual. Como os amigos de Freud, a maioria das pessoas está condicionada a buscar a satisfação de seus desejos. Quando não se realiza, ou não perdura, tendemos a nos retirar. Em lugar de nos rejubilarmos na evasão de nossos amantes frente às nossas tentativas de controlá-los, sentimo-nos deprimidos. Em face da falta de confiança, retiramo-nos ao nosso eu conhecido. Nosso luto nos paralisa, e nosso desejo se degenera. Freud propôs uma alternativa,

ABERTO AO DESEJO

aquela que no Oriente é personificada pelo caminho do desejo. É possível permanecer num estado no qual o desejo é valorizado, não como um prelúdio à posse ou ao controle. Mas como um modo de apreciação em si mesmo. O "fazer", conforme Winnicott diria, se torna equilibrado pelo "ser".

Os amigos de Freud resistiam a "ser" porque lhes lembrava demais da impermanência. Por querer o desejo, ficavam distantes. Preferiam a permanência de um luto incompleto à provisoriedade de um mundo que os tocava, mas que também os amedrontava. Freud, porém, sem conhecer a versão budista da verdade que ele estava desvendando, sabia que esse enigma só podia ser resolvido por meio do retorno a uma forma que exprimisse mais apreço. O "campo sorridente" do passeio de verão de Freud inundou-o com um oceano de sentimentos. Provisoriedade, desejo profundo, reverência e sentimento de luto eram todos da mesma matéria. Foi Freud, o qual não correu atrás da satisfação, que pôde permanecer presente. A um mundo de distância das altas montanhas dos Himalaias, suas observações nos Alpes traziam, contudo, o cerne do velho ditado tibetano: "como as águas nas altas montanhas melhoram ao cair, também a meditação do yogue melhora ao se dissolver". Ao se abrir ao desejo, Freud descobriu a mente. Assim com a água da alta montanha, também mergulha de grande altura. Tendo caído, pode fluir através de todas as coisas.

Notas

1. Bhikkhu Nanamoli, *The life of the Buddha*. Kandy, Sri Lanka: Buddhist Publication Society, 1972, p. 37.

2. Miranda Shaw, *Passionate enlightenment:* women in tantric buddhism. Princeton, New Jersey: Princeton University Press, 1994, p. 140-178.

3. Comunicação pessoal de Nadine Helstroffer descrevendo seu trabalho, *Le temps de la voix*.

4. Miranda Shaw, op. cit., p. 150-151.

5. Anne Carolyn Klein, *Meeting the Great Bliss Queen:* buddhists, feminists, and the art of the self. Boston: Beacon Press, 1995, p. 61.

6. Jack Engler, Being somebody and being nobody: a re--examination of the understanding of self in psychoanalysis and Buddhism. In: *Psychoanalysis and buddhism:* an unfolding dialogue, Jeremy Safran (editor). Boston: Wisdom Publications, 2003, p. 25-80.

7. Ibid., p. 66.

8. Ibid., p. 68.

9. Judith Simmer-Brown, *Dakini's warm breath:* the feminine principle in Tibetan Buddhism. Boston & London: Shambala, 2001, p. 41.

10. Ibid., p. 43.

11. Adam Phillips, *Darwin's worms*. New York: Basic Books, 2000. Veja também essa mesma história recontata no meu livro *Going to pieces without falling apart*. New York: Broadway Books, 1998, p. 61-63.

12. Sigmund Freud, On Transience, no vol. 14 da *Standard edition of the complete psychological works of Sigmund Freud*, editado e traduzido por James Strachey. London: Hogarth Press and Institute of Psychoanalysis, 1959, p. 305-306.

13. A. Phillips, op. cit., p. 26.

PARTE IV

UMA TRILHA PARA O DESEJO

Tu és Narayana, que se move sobre as águas.
Tu fluis através de todos nós. Tu és Rama e Sita
nascido da Terra e de Ravana, o rei-demônio,
tu és Hanuman, como o vento, tu és,
Lakshmana como um espelho, és Indrajit e Indra,
és o Poeta, os Brincantes e a Brincadeira. E, nascido
homem, esqueceste disto, perdeste a memória, e
retomas uma vez mais à ignorância
do homem, conforme farás sempre.

Recebas bem, portanto, tua Sita. A guerra
está feita, e assim fechamos nossa carta.

Ramayana (p. 351)

Capítulo 10

Conselho

E mbora alguns possam pensar o contrário, é o desejo que leva ao fim do apego. Tanto na psicanálise como no Tantra oriental, esse caminho é colocado de forma marcadamente semelhante. O desejo, o qual começa querendo controlar, possuir, fundir-se ou *fazer algo* a ou com um objeto e, por fim, termina por descobrir que o objeto não é objeto suficiente para seu gosto. A essa altura, há uma bifurcação na estrada. Em uma direção está o apego, a tentativa de fazer o objeto ser mais do que ele é. Na outra direção está o não-apego, onde o vazio entre o que é esperado e o que de fato se obtém pode ser tolerado. Essa segunda direção – o Caminho da Esquerda – requer uma mudança na consciência e um treinamento da mente. Não vem naturalmente. O treinamento é descrito tanto no Oriente como no Ocidente como uma progressão do "fazer" ao "ser", do "masculino" ao "feminino" e do "objeto" ao "sujeito". Esse desenvolvimento não nega a importância do desejo ativo, masculino, que busca o objeto, mas o equilibra de forma que o mundo não seja mais abordado a partir de um único ponto de vista, com uma única estratégia.

Ao abrir essa estratégia alternativa, entramos num território menos familiar de um conhecimento intuitivo que é apenas possível se aprendermos a disciplinar nossa mente. O desejo, nessa forma de pensar, se torna a yoga. Sua emersão permite treinar nossa mente a trabalhar de modo diferente. Em uma declaração apócrifa atribuída a James Joyce, certa vez, ele descreveu a atenção necessária para se olhar uma obra de arte de uma forma que chamou de "contemplação". Se o observador se aproximasse demais da obra de arte, ela se tornava pornografia. Por outro lado, se ele se distanciasse demais, ela se tornava crítica.

ABERTO AO DESEJO

Contemplar a arte significa dar a ela espaço o bastante para que ela fale conosco, para nos permitir descobri-la, mesmo quando não entendemos completamente aquilo que estamos vendo. O Caminho da Esquerda abre a capacidade de contemplar. Quando descobrimos que o objeto está além do nosso controle, sem poder ser possuído e afastando-se do nosso alcance, temos a oportunidade de entrar no espaço ao qual Joyce se referiu. Quando escolhemos o Caminho da Esquerda, aprendemos a dar ao objeto a própria liberdade.

O tipo de desejo que os psicanalistas qualificaram de feminino fala dessa contemplação joyceana. Não a buscamos tanto na vida espiritual como na sexual. O paradoxo é que ela pode apenas ser encontrada quando se permite que o desejo funcione do seu modo agressivo, "masculino", em busca do objeto. É esse impulso que desperta a mente para a impossibilidade de sua exigência, que a estimula a explorar o território desconhecido da própria insatisfação. O caminho do desejo exige uma aceitação – e um confronto – da verdade dos próprios anseios. O fruto desse confronto é a mistura das duas energias, uma união que revela o gosto da não-dualidade.

As cenas de cópula que adornam grande parte da arte tibetana representam a interpenetração, ou mescla, das abordagens masculina e feminina. Nessa tradição, o desejo masculino ativo, purificado pelo vazio que o desejo cria, torna-se empatia ou compaixão: a habilidade de atingir a experiência do outro e sentir o que ele está sentindo. O desejo de possuir ou de controlar torna-se a habilidade de se relacionar. O desejo contemplado, representado pela parceira, é uma metáfora da sabedoria, exemplificando a capacidade de ser. Tal formulação sempre me impressionou, pois reverte o modo condicionado do pensamento. A compaixão é masculina, e a sabedoria, feminina.

Princípios do caminho

O Caminho Óctuplo de Buddha, sua Quarta Nobre Verdade, descreve a forma de colocar o desejo no seu caminho natural, de ir do apego ao não-apego. Ao fazer isso, a Quarta Nobre Verdade mostrou como equilibrar o fazer com o ser de forma que possamos vivenciar a bem-aventurança que as figuras copulativas de sabedoria e de compaixão sugerem. Na visão budista, essa é a "mais elevada" bem-aventurança que o desejo busca. Apesar de o

CONSELHO

Caminho ser tradicionalmente descrito na lista das oito categorias do "Correto" – a fundação comportamental ou ética do Correto Falar, da Correta Ação e da Correta Profissão; a fundação meditativa da Correta Concentração, do Correto Esforço e da Correta Atenção; e a fundação de sabedoria da Correta Compreensão e do Correto Pensamento –, também pode ser descrito numa linguagem mais convencional. Quando lidamos com o mundo real, pode ser útil ter alguns princípios básicos com os quais trabalhar, lembretes de como usar o desejo para abrir nossa compreensão e nós mesmos.

Ainda que o conhecimento esotérico sobre como usar o desejo erótico para levar a mente a um estado de não-apego tenha sempre sido envolto em segredo, os princípios básicos, embora sejam às vezes contraintuitivos, não são difíceis de se apreciar. A beleza da abordagem tântrica, afinal, está no fato de ela poder ser usada em meio à nossa vida normal. No entanto, fazer uso dela exige um malabarismo com os nossos modos de abordar as coisas. Temos de desafiar a orientação fundamental que possuímos no mundo conforme tentamos entender nosso lugar nele: a tendência de se identificar com nossa experiência e de separar o eu do outro. Temos de descobrir um modo de abandonarmos uma identificação exclusiva com nossos pensamentos. Sob essa ótica, o primeiro princípio da jornada é aprender a ver o desejo como interpessoal.

Tornou-se um axioma fundamental da nossa cultura o fato de termos de "nos responsabilizar" pelas nossas emoções, da mesma forma como devemos fazer com nossa saúde física. Mas é interessante que a estratégia de Freud de trabalhar com as emoções adotava exatamente o oposto. De maneira própria, Freud descobriu de novo o que os budistas estavam praticando há milênios, que o primeiro passo na cura do nosso relacionamento com o desejo é vê-lo como um não-eu. Ao tratar de pacientes que estavam completamente sem contato com a natureza de seu impulso erótico, Freud repetidamente os instruía sobre uma verdade fundamental a respeito da natureza do desejo.

"Não somos responsáveis pelos nossos sentimentos", costumava dizer a seus pacientes, enfatizando o quanto era importante para eles mudarem sua instância emocional com relação ao seu desejo.[1] Lembro-me de ter ouvido quase a mesma coisa de Joseph Goldstein, meu instrutor de meditação, em um dos meus primeiros retiros. "O que importa não é *o que* está acontecendo na sua mente", dizia ele, "mas como você se relaciona

ABERTO AO DESEJO

com isso". Freud observou como era difícil para seus pacientes aceitarem a realidade dos desejos sexuais dos quais se envergonhavam e como essa recusa transformava seus sentimentos em sintomas neuróticos. No seu famoso estudo do caso do pequeno Hans, por exemplo, ele demonstra como o menininho, um paciente seu de 1909 que desenvolvera uma ansiedade incapacitante por cavalos depois de uma queda grave, tinha, na verdade, medo de seus impulsos sexuais e agressivos com relação a seus pais. Hans transferia esse medo aos cavalos e ficava cada vez com mais medo. Apenas ao entender esses tipos de medo, Freud pôde ajudar. Seus pacientes sentiam-se responsáveis demais pelos seus desejos, e se tornavam muito críticos com relação a si mesmos. Para fazer com que eles aceitassem seus sentimentos, Freud descobriu ser necessário ensinar seus pacientes a não se identificarem *demais* com eles. O paradoxo disso é interessante. Os pacientes de Freud sofriam de indiferença de seus aspectos vitais. Não podiam, porém, amealhar a energia de seu desejo e agressão até que pudessem aceitar a natureza impessoal desses mesmos sentimentos. A cura poderia acontecer apenas se o eu quisesse abrir mão da posse de seu conteúdo.

Essa estratégia de Freud é central para se compreender, pois suspende a visão convencional, mesmo entre os terapeutas, do que deve ser a tarefa da terapia. Não obstante, é totalmente consistente com o Caminho da Esquerda de Buddha, no qual a estratégia crucial é a vontade de não levar os conteúdos da psique de forma muito pessoal. Ainda que a aceitação do desejo seja certamente essencial para aprofundar a experiência do eu, não é necessário assumir que o desejo é "nosso". É mais fácil aceitar se o vemos como se estivesse observando a partir de um lugar misterioso. Esse é o significado original das palavras que Freud usou para o inconsciente, aquilo que viemos a chamar em nossa língua de *id*. As palavras alemãs, *das es*, que Freud usou podem ser traduzidas como *o isso*. O inconsciente sempre pareceu a Freud um brutal e impessoal "outro".

Uma vez li na *New York Times Magazine* uma entrevista com um conhecido psicoterapeuta junguiano que foi um passo além. James Hollman, provavelmente o mais completo descendente americano contemporâneo de Jung, assumiu uma posição completamente de acordo com essa visão impessoal, ao mesmo tempo em que concluía sobre suas implicações. Em lugar de parar com o uso de Freud do "o isso", Hillman tentou atingir o espaço subjetivo contido no desejo.

Conselho

"Muitos modelos teóricos sustentam que raivas, medos e paixões são nossa responsabilidade pessoal", diz Hillman na revista. *"De alguma maneira, em algum lugar, estão localizados dentro de nós... Meu ponto de vista, porém, é de que, apesar de serem sentidos profundamente, e de nós sofrermos as emoções física e interiormente, esse fato não os transforma em 'nossos'. Em lugar disso, creio que as emoções estão lá para nos possuir. Elas querem nos possuir, nos dominar, querem que vejamos o mundo totalmente através da sua visão".*

Hillman estava recorrendo à antiga mitologia na sua declaração, e alguns diriam que esse ponto de vista é ingênuo ou infantil. De uma certa perspectiva analítica, ver as emoções como deuses de antigamente envolve a defesa da projeção, na qual aspectos essenciais do eu são dissociados em forças externas que, então, são percebidas como estando fora de controle. Mas Hillman estava sugerindo que há mais sabedoria do que projeção na visão antiga. Emoções *são* como os deuses antigos, ligando-nos à nossa alma. Quando nós as reprimimos, somos completamente cortados e presos aos nossos eus empobrecidos. Mas quando nos identificamos completamente com as emoções, quando achamos que elas são nós mesmos, estamos deixando os deuses nos enganar. Nos dois casos, na repressão ou na possessão, perdemos a capacidade de querer saber, a qual nossa vida emocional anima. O desejo é um meio de nos manter em contato com esse querer saber.

Ver o desejo contendo os próprios objetivos nos livra de vê-lo mais corretamente. Conforme Safo observou há muitos anos, vem de outro lugar, mexe conosco, faz-nos questionar o que exatamente está comandando e traz tanto a possibilidade de riqueza quanto a ameaça de obsessão. Dessa perspectiva, a emersão do desejo se torna uma oportunidade de questionar não o *que* desejamos, nem o que *fazemos* com o desejo, nem mesmo como entendemos o desejo, mas o que o desejo quer de nós. O que ele está ensinando? Temos de ficar muito quietos para ouvir o desejo dessa forma.

Fios azuis

O próximo princípio do trabalho com o desejo é vê-lo como divino. Com isso, não estou dizendo simplesmente para idealizar o

ABERTO AO DESEJO

amado de uma maneira comum aos primeiros estágios da paixão, embora isso seja por si só uma experiência de conscientização. Quero dizer, o reconhecimento de como é incrível ser capaz de desejar, ou de ser desejado, em primeiro lugar. Especialmente se despido de todas as fixações viciantes que podem degenerá-lo, a mera existência do desejo, enquanto energia que pode nos entusiasmar, é tremendamente inspiradora. O reconhecimento do divino no desejo tem menos relação com ir em direção a um ideal do que o reconhecimento de sua imanência.[2]

O psicanalista americano James Grotstein foi o pioneiro dessa abordagem, escrevendo de maneira persuasiva sobre a "arquitetura sagrada da psique", resgatando-nos do preconceito de que o inconsciente é primitivo e "menos humano". Em lugar de vê-lo dessa maneira, Grotstein enfatizou a "altivez, sofisticação, versatilidade, profundidade, virtude e brilho que diminuem enormemente os aspectos conscientes do ego".[3] Como Winnicott, ele também enfatizou os aspectos insondáveis do eu subjetivo, mas ele tem um modo de formular isso que é especialmente relevante às lições de filosofia indiana. O inconsciente, particularmente o sujeito inefável, é como um deus, escreveu Grotstein, "mas aleijado, pois precisa de parceiros para que sua missão seja completa".[4] Como no *Ramayana*, em que deuses e animais tinham de trabalhar juntos para descobrir o espaço intersubjetivo daquilo que significa ser humano, precisamos de parceiros para percebermos quem somos. Embora a psicoterapia e a meditação nos ofereçam caminhos confiáveis para essa exploração, nossas relações amorosas também são trilhas.

Na prece mais sagrada da tradição judia, a *Sh'ma*, há um lindo poema sobre como a mudança de perspectiva com relação ao desejo abre seu potencial iluminado. Originado no contexto das revelações de Moisés no Monte Sinai, esses versos explicam como Moisés foi instruído a desviar o desejo de qualquer coisa que o distanciasse de Deus para algo que o lembrasse de suas bênçãos. Era, em essência, uma forma de tirar Moisés da sua identificação com o desejo baseada no ego, e a colocar em uma consciência mais reflexiva que permitia uma apreciação de Deus no mundo diário da mente e do corpo. Era outra forma de abrir sua mente, tirando algo que ele assumia como sendo "dele" e o fazendo pensar sobre aquilo de outra forma. O poema completo é assim:

Conselho

Deus disse a Moisés:
Que Israel faça tzitzit *ao longo de suas gerações,*
Franjas de fios azuis,
Nas extremidades das tuas roupas
Para que olhes e te lembres de todas as mitzvot[5] *de Deus,*
Que assim seja feito

Do contrário
Todos vós seguireis apenas o que vossos olhos veem
E o desejo de vosso coração,
Esquecendo que tudo o que vós vedes
E todos os vossos desejos
São sinais da Minha presença no mundo.

Mas ao olhar as franjas
Vós lembrareis, como um fio amarrado no dedo a guisa de lembrete,
Que tudo o que vedes
E tudo o que desejais
Pode ser visto e lembrado
Como uma das minhas mitzvot.

Assim, compartilhareis a santidade de Deus
Que vos viu como escravos no Egito
E desejou
Que vos tornareis um povo de Deus.[6]

A natureza dupla do desejo fica imediatamente aparente nesse notável poema. Se deixado por conta própria, disse Deus a Moisés, ele se identificaria demais com seus desejos; ele seguiria apenas o que via e o que desejava, sem nenhum pensamento sobre o que está além. Ele iria, na linguagem da Bíblia, ser um escravo de seus desejos, ou, na linguagem do budismo, ser enganado pela ilusão dos desejos. Mas Deus desejava claramente que Moisés compreendesse que o desejo era capaz de mais do que isso. Não só podia lembrá-lo da presença de Deus, mas Deus, também, tinha um desejo: que Moisés se lembrasse dele. No encontro dos dois desejos, uma nova experiência era possível.

Deus deu a Moisés diversas práticas meditativas para treinar sua mente. Não só disse que tecesse fios azuis em suas roupas, da mesma forma que um yogue indiano manipula um rosário de contas de

ABERTO AO DESEJO

mala para manter sua mente focada em Deus, mas também deu a Moisés uma prática ainda mais explícita. Isso foi transmitido imediatamente antes dos versos citados acima e abre caminho para esses ensinamentos. A primeira parte do *Sh'ma* é uma lição de meditação, uma oração cujo significado profundo não é sempre abordado no judaísmo contemporâneo: "Ouça, oh, Israel", proclama o ensinamento, "O Senhor Nosso Deus, o Senhor é Um".

Qualquer um que entre numa sinagoga ouve essa prece. Ela é repetida em virtualmente todos os serviços que lá têm lugar. Cresci ouvindo essa prece, mas nunca tive certeza se o rabino dizia "Aqui, oh, Israel", ou "Ouça, oh, Israel".[7] Seja como for, as palavras passavam pela minha cabeça sem causar muito impacto. No máximo, acho, relacionei-a às primeiras histórias bíblicas que me contaram quando criança, sobre o bezerro de ouro e a tendência do povo judeu à idolatria. Não adore diversos deuses, Deus disse a Moisés, adore apenas um.

No entanto, a oração é muito mais profunda do que isso. Cada palavra tem um significado que ressoa. "Israel" quer dizer "aquele que luta, ou combate, com Deus". É um nome dado a qualquer um que deseja confrontar a profundamente misteriosa natureza de nossos seres, um nome dado a qualquer um que queira saber onde o desejo pode realmente nos levar. "Ouça, oh, Israel", implora a prece. "Ouça" como em *ouçam a própria alma*. A oração é uma tentativa de colocar a consciência numa direção espiritual, de ouvir de forma mais profunda do que a usual, de cultivar o ardor, ou *tapas*, que na Índia é dirigido à meditação. "Ouçam a própria alma, vocês que combatem com Deus", proclama a *Sh'ma*. Como no budismo, ouvir de uma forma profunda, sem distrações provocadas pelo clamor da mente, é essencial para se transformar a experiência do desejo.

Deus não é separado, insiste a prece: *Deus é Um*. Isso vai de encontro à maneira como normalmente o desejo apreende as coisas – onde sempre há dois. Mas o mundo da dualidade não precisa ser aceito como verdade única. Tudo o que vemos e desejamos pode ser experimentado como sinais da presença de Deus. Os fios azuis amarrados nas roupas de Moisés são lembretes viscerais dessa verdade, mas nossos desejos podem funcionar da mesma forma. Eles também são fios azuis, representações vivas das bênçãos de Deus. É aqui que as possibilidades espirituais do desejo começam a fazer sentido. Da mesma forma que as cosmologias indianas se recusam a distinguir entre o macro e o microcosmo,

Conselho

entre o erótico e o divino, também a *Sh'ma* parece indicar um elo semelhante. Ao dedicar atenção ao desejo da mesma forma que ouviríamos nossa alma, podemos sair da noção usual de que sempre há dois: um observador e um observado. A *Sh'ma* indica a direção do não-apego, a direção da *dakini*, a direção da subjetividade compartilhada, na qual não há objeto de qualquer tipo.

Freud ensinou seus pacientes a deixarem de se identificar com seus desejos conflitantes para ajudá-los a superar a vergonha e aversão de si mesmos. Deus ensinou Moisés a deixar de se identificar com desejos mais aceitáveis ao cultivar o conhecimento de que são sinais da caridade de Deus. O Dalai Lama descreveu uma prática semelhante do Budismo Tibetano de usar as aparências do mundo fenomenal como forma de conhecer a"vacuidade". Ele comparou o conhecimento de quem compreende o vazio com uma pessoa usando óculos escuros. A aparência da cor distorcida, sugere ele, serve de lembrete de que o que está sendo visto não é real. Na visão budista, o que é revelado é a "vacuidade", enquanto na visão judaica é chamado de *"Ein-Sof"*, o infinito. No pensamento indiano clássico, uma das formas como é descrito é a extensão ilimitada do *lingam*, ou falo, de Shiva. Idolatria à parte, os três estão mais perto em espírito do que a maior parte das pessoas pensa. Ligá-los é a compreensão de que trazer consciência não judiciosa sobre o desejo aumenta seu mistério.

Ao aprender a ver o desejo mais como uma força impessoal, como acontece sob o encantamento de uma prece, meditação ou psicoterapia, a alma é revigorada. Os elos entre o desejo e o divino são abertos, pois a apropriação do desejo pelo eu é relaxada. Como um nó ao redor do dedo, o desejo, sempre presente e sempre perturbando, pode servir como um lembrete vivo da nossa conexão com alguma coisa mais vasta que nossas mentes cotidianas.

Na prática, é mais fácil tratar alguns tipos de desejo como sagrados do que outros. Exemplos de como pode ser difícil ver a divindade do desejo sempre aparecem na terapia. Uma paciente minha chamada Betty, por exemplo, uma bem-sucedida dermatologista afiliada a uma escola médica na melhor parte da cidade, costumava emprestar à sua amante xales caros e coloridos sempre que sua namorada precisava usar algo especial no trabalho. Esta sempre recebia elogios sobre como eram belos – o que sempre deixava Betty e a namorada orgulhosas. Um dia, porém, a namorada de Betty pegou um xale sem pedir. Betty ficou magoada e se sentiu invadida, o que causou um estremecimento entre elas. Afinal de contas, o xale era "dela", disse-me Betty – ela tinha o direito de estar aborrecida. Mas sua amante não via a coisa dessa forma. Sentiu-se criticada quando Betty levantou o assunto, e, ato simbólico, o que era doce ficou amargo.

Ainda que meu primeiro impulso fosse o de simpatizar com o ultraje de Betty, esperei para descobrir se havia mais na história. Perguntei-me porque Betty, que em geral era equilibrada, teria levado aquele problema de protocolo tão a sério. Ela certamente parecia estar tratando o desejo da namorada (não apenas pelo xale, mas por tudo o que ele representava) como algo divino. A mãe de Betty, conforme acabou se revelando, sempre tinha criticado seus desejos de infância. Ela contava para os familiares que Betty costumava gritar "até ficar com o rosto azul" quando queria conforto e atenção, enquanto sua outra filha era plácida e nunca exigia nada. Será que Betty estava tratando sua namorada da mesma forma que sua mãe a havia tratado – colocando-a de lado por causa das suas vontades? A gaveta dos xales seria outra versão dos seios da sua mãe (ou mesmo dos seus)? Sua amada sempre tinha de pedir antes de poder usá-los?

Contei a Betty a história do *Sh'ma*. E se ela conseguisse ver o desejo da sua amante como algo divino? Será que ela não iria querer que Deus usasse um dos seus xales? O princípio de ver o desejo como algo divino ajudou Betty a se libertar da identificação inconsciente com a atitude crítica de sua mãe. Abriu-se, então, uma troca não restrita por medidas ou maneiras, onde toda exigência não tinha de ser vista como uma violação.

Indestrutível

O terceiro princípio de trabalhar com o desejo é não ser intimidado pela raiva, mas vê-la como algo inevitável. O psicanalista Michael Eigen, num trabalho recente intitulado *Êxtase*, medita sobre aquilo que aprendeu com Winnicott sobre esse princípio. "Quando a qualidade destrutiva se transforma em vida [...] cai direto sobre a mãe, pode a mãe não retaliar?", questiona ele. Eigen faz a pergunta da mesma maneira que Winnicott fez, assumindo de modo implícito que a mãe conhece intuitivamente outra maneira. "Há um momento em que enfrentar a energia de uma criança não é o objetivo, mas sim não retaliar. Nesse momento, aquele que está oferecendo

Conselho

cuidado ou cuidando [...], não está sofrendo, nem reagindo, nem fica ressentido. Tudo depende de reconhecer o 'ataque' pelo que ele é de fato, uma parte espontânea da vida. Ao momento destrutivo da vida soma-se o ato espontâneo do reconhecimento".

"Isto não significa que a mãe se sujeita à injúria crônica. Significa que ela não cria ofensas imaginárias e nem responde de forma moralista ou destrutiva. Envolve seres humanos evoluindo até o ponto em que dá espaço para o elemento destrutivo que é parte do pano de fundo dos relacionamentos. Significa abrir espaço para sentimentos perturbadores".[8]

A partir de uma perspectiva analítica, o aumento da empatia e da compaixão depende do quão cedo as experiências de raiva, ódio e cólera acontecem. Em termos de desenvolvimento, a tarefa central da criança é entender o fato de ela tanto amar quanto odiar a mesma pessoa. Essa é uma das experiências que nos tornam mais moderados na experiência paternal ou maternal: ser objeto de tantos sentimentos conflitantes. Winnicott costumava dizer que a tarefa dos pais é simplesmente sobreviver, nem retaliar, nem abandonar a criança diante da raiva do filho. Ao fazer isso "bem feito", eles permitem que o filho aceite a realidade de que o pai ou a mãe é um indivíduo separado, alguém que está fora do controle da criança.

No Budismo Tibetano, o desejo agressivo do falo do macho, o qual, conforme as psicanalistas feministas como Jessica Benjamin descreveram, pode representar o desejo de controlar, possuir, dominar ou objetificar o outro, é representado como o agente da compaixão. Seu papel é completamente transformado. Ao mesmo tempo em que os tibetanos igualam o desejo da mulher à sabedoria que compreende a vacuidade, o homem incorpora a compaixão. A relação com a versão de Winnicott de desenvolvimento emocional é interessante. Quando a mãe abre espaço para a exigência agressiva da criança por ela, o filho pode aprender que ela sobrevive ao ataque. Sua qualidade pessoal, sua individualidade, é estabelecida. Da busca do objeto surge o reconhecimento do outro e do reconhecimento do outro surge a capacidade de ter empatia. O falo busca o objeto, mas descobre em última instância que esse objeto não pode ser encontrado. No entanto, em vez de se ver impotente, o falo se torna um instrumento de empatia. Pode realizar um gesto reparador ao tocar a qualidade individual do outro.

De acordo com a descrição de Winnicott, se o eu subjetivo do outro nunca é reconhecido, não pode haver gesto de reconciliação nem no domínio da infância, nem na vida erótica. A ternura só pode ser alcançada ao se navegar com sucesso pelo terreno da raiva. Na infância, é responsabilidade da mãe deter essa raiva, não tomando-a de forma muito pessoal. Na vida erótica, uma segunda oportunidade é dada para experimentarmos toda a gama de amor e ódio, convergindo no corpo de outra pessoa. Apesar de muitos casais terem medo dessa perspectiva ou não serem capazes de conter a raiva um do outro, há possibilidade de experimentar a empatia que surge da destruição mútua. A raiva é o que torna o amado possível de se conhecer em sua subjetividade. É um erro tentar erradicar isso totalmente dos relacionamentos.

Uma das minhas passagens preferidas da literatura psicanalítica é sobre essa qualidade libertadora da raiva e do contraditório impulso que o desejo tem tanto de possuir quanto de libertar o objeto amado. A citação, de um livro chamado *Love relations* (Relações amorosas) do psicanalista Otto Kernberg, fala da dolorosa, porém gloriosa, percepção da característica pessoal do outro que é trazida pela atitude de aceitação da frustração do desejo. Sua linguagem não é muito acessível, mas descreve sucintamente como as relações sexuais íntimas podem nos levar a lugares de conhecimento místico, não por meio da união, mas por uma abertura da vastidão que existe entre dois indivíduos. A passagem é sobre revelações dolorosas, porém libertadoras, do amor erótico em que o desejo de possuir o amado se confronta contra a inefabilidade da sua característica individual. De sua forma única, descreve o caminho do desejo de forma tão bela quanto o mito indiano *Ramayana*:

[...] *o amado se apresenta simultaneamente como um corpo que pode ser penetrado e uma consciência que é impenetrável. O amor é a revelação da liberdade da outra pessoa. A natureza contraditória do amor é que o desejo aspira ser realizado pela destruição do objeto desejado, e o amor descobre que esse objeto é indestrutível e que não pode ser substituído.*[9]

O aspecto mais difícil dessa passagem é a linguagem de destruição, mas é precisamente esse aspecto do desejo que os psicanalistas têm buscado para compreender e aceitar. O amor erótico une duas correntes: uma que quer dominar o outro de uma forma que possa devorar ou destruir o objeto amado, e outra que quer

CONSELHO

libertar o objeto do amor. O desejo erótico é a tentativa física de se atingir o outro somada à intuição de que o outro está sempre além do alcance. Em momentos de grande intimidade, ambos são sentidos simultaneamente. É dessa combinação que a empatia, a compaixão e a consideração – bem como a bem-aventurança erótica – emergem. Em casais que se esforçam para evitar a raiva, a primeira vítima desse esforço é sua ligação erótica. Ao tratar a raiva como mais perigosa do que a mãe que sabe que ela é parte natural da energia vital de seus filhos, esses casais aniquilam a energia necessária para mantê-los buscando um ao outro.

No desejo bruto do amante pelo amado estão todos os impulsos primevos da criança. Encenado no campo do corpo, mas propelidos pelas fomes arcaicas da mente, possuímos um ao outro com o fervor de crianças, mesmo vivendo em corpos adultos de homens e mulheres. E esse é um aspecto indispensável da paixão erótica. No entanto, como no Nobre Caminho Óctuplo de Buddha, há uma dimensão ética que entra em cena quando as frustrações são atendidas de forma apropriada. A urgência de possuir o objeto do desejo não desaparece quando o reconhecimento da separação do outro é atingida, mas é abrandada pela compaixão. Essa é a fonte da pungência da afirmação de Kernberg. A revelação da liberdade da outra pessoa é uma bênção dolorosa. Implícita na sua liberdade está a maior frustração da nossa procura para conhecer completamente. Sempre falta alguma coisa. Kernberg identifica esse algo tão importante como a consciência do outro. É isso que permanece escondido e fora de alcance, revelado apenas ocasionalmente, como uma cachoeira que aparece furtivamente num jardim japonês.

A vida sexual é um grande palco para essa peça representada continuamente. Ao mesmo tempo em que buscamos possuir nossos amantes, tornamo-nos igualmente conscientes da sua inviolabilidade. A sobrevivência bem-sucedida do objeto do amor é o que o transforma em pessoa. As relações sexuais oferecem esse tipo de revelação. Em um nível, deixam-nos viver continuamente a paixão da criança e a sobrevivência da mãe. Permitem-nos tratar uns aos outros como objetos em um alívio bem-vindo de nosso comportamento civilizado de todos os dias. Mas o amor erótico pode fazer bem mais do que isso. Quando Winnicott escreveu sobre o elemento incomunicável presente em todos nós, ele estava se referindo à impenetrabilidade da consciência do outro. Não obstante, a grande maravilha das relações sexuais é que essa outra consciência, mesmo sendo estranha, às vezes se abre para nós.

Conforme a linha final da passagem de Kernberg nos lembra, "o amor descobre que o objeto é indestrutível e não pode ser substituído". Impessoal, divino e espantosamente frustrante, o desejo nos leva a um lugar que nunca teríamos imaginado, onde a qualidade especial do "objeto" não é maculada por sua recusa em cooperar.

Notas

1. Veja *Love and its place in nature:* a philosophical interpretation of Freudian psychoanalysis de Jonathan Lear. New Haven & London: Yale University Press, 1990, p. 61. Lear cita Freud e Breur em Studies on hysteria, *SE,* p. 157, v. 2.

2. Anne Carolyn Klein, *Meeting the Great Bliss Queen:* buddhists, feminists, and the art of the self. Boston: Beacon Press, 1995, p. 163.

3. James S. Grotstein, *Who is the dreamer who dreams the dream?:* a study of psychic presences. Hillsdale, N. J. & London: The Analytic Press, 2000, p. xvi.

4. Ibid., p. xxiii.

5. Bênçãos.

6. *On wings of awe (A Machzor for Rosh Hashanah and Yom Kippur)*, editado e traduzido por Rabby Richard N. Levy. Washington, D.C.: B'nai B'rith Hillel Foundation, 1985, p. 259.

7. *"Here, oh, Israel"* e *"Hear, oh, Israel"*, no original (NT).

8. Michael Eigen, *Ecstasy.* Middletown, CT: Wesleya University Press, 2001, p. 81.

9. Otto F. Kernberg, *Love relations:* normality and pathology. New Haven & London: Yale University Press, 1995, p. 44.

Capítulo 11

Saltando para dentro

O princípio final da yoga do desejo é ficar calmo em meio a ela. No Caminho Óctuplo, isso poderia ser chamado de Correta Ação ou Correto Esforço, mas também incorpora os princípios da Correta Atenção, na qual igual atenção é dedicada a todos os momentos de consciência sem saltar para o final ou para a meta. O desejo de proceder em tal passo deliberado não é algo a que chegamos de forma necessariamente natural. Quase sempre tem de ser forçado. Nos centros de meditação onde eu às vezes participo de retiros silenciosos, por exemplo, as meditações feitas ao se caminhar são todas executadas como que em câmera lenta. Nos lindos dias de primavera, os gramados e trilhas se enchem de pessoas andando vagarosamente para todos os lados, indo a lugar algum. Toda a atenção é dedicada aos seus pés: erguer, mover e colocar um após o outro. De longe, parece um hospício.

No entanto, o cultivo desse tipo de atenção é a chave do Caminho Óctuplo. Dentro dos domínios do desejo, também é o elemento transformador que catalisa a emergência de uma sensibilidade adormecida. Um dos meus pacientes, um dedicado estudante da arte marcial chinesa do tai chi, deu-me uma boa descrição de como, por vezes, essa transformação pode parecer ameaçadora. Ele começou a perceber, após anos praticando sua técnica, como ficava desconfortável quando, conforme se diz nesse mundo, seu chi estava fluindo. Embora esse estado de energia do corpo fluindo ininterruptamente ao longo dos meridianos da acupuntura represente a fruição dessa prática em particular, alguma coisa relacionada a isso fazia meu paciente ficar nervoso.

ABERTO AO DESEJO

Tendo refletido a respeito, ele descobriu que não era uma característica sua saborear qualquer experiência agradável, quanto mais aquela, apesar da sua autoimagem de ser um homem orientado pelo prazer. Ele percebeu que estava sempre com pressa. Costumava preparar belas refeições, mas então as comia tão rapidamente que tinha desenvolvido problemas de estômago. Esperava ansiosamente por um determinado evento e, quando esse chegava, apressava-se para ir embora. Ele chamava essa dinâmica de "saltar para dentro" porque sua necessidade pela próxima coisa era sempre tão intensa que tinha de sair correndo da última experiência sem a ter saboreado suficientemente. O que ele percebeu em sua prática de tai chi era outro exemplo desse mesmo fenômeno. Queria fugir apressadamente do prazer pelo qual tinha trabalhado de maneira tão assídua para conquistar.

Seus comentários me lembraram de uma época, não muito tempo atrás, quando recebi importantes instruções sobre a maneira com a qual sair do "saltar para dentro". Esse ensinamento veio de uma fonte que na época eu julgava incomum. Eu estava no Maine no verão, numa pequena ilha além da Deer Isle, onde, todos os verões, alugamos uma velha casa sem eletricidade durante uma semana. Essa ilha tem apenas alguns poucos habitantes sazonais. Temos de trazer todos os nossos suprimentos por mar. É a coisa mais próxima de um acampamento que fazemos em família. Os dias se passam do nascer ao pôr-do-sol com apenas o som da buzina do barco do correio no começo da manhã para nos lembrar da civilização. O verde do interior da ilha é envolvido pelo azul do mar e do céu. Nos dias quentes de agosto, é uma brilhante terra maravilhosa de sol, água, pedras e brisa do mar.

Em um lado da ilha, descendo por uma trilha que passa por uma velha quadra de tênis cercada por arbustos de framboesa, há uma pequena angra, quase um fiorde, que se enche com a maré e se transforma numa piscina. As margens dessa baiazinha esquentam quando a maré está baixa, aquecendo as frias águas do Atlântico. Quando a maré alta vem no começo da tarde e o dia está bem quente, podemos nadar lá, uma ocorrência extremamente rara no gelado oceano do Maine. Quando essas circunstâncias coincidem, é motivo de comemoração. A maior parte dos habitantes, da menor criança ao ancião mais idoso, vem participar.

Minha tendência, como a do meu paciente, era de saltar para dentro e, então, correr rapidamente para a margem. Mesmo nos dias quentes, a água, apesar de tolerável, ainda é muito fria. Eu fazia uma grande fita para entrar e depois, correndo e espirrando água, saía.

SALTANDO PARA DENTRO

Preferia quando estava completamente só e costumava programar as coisas para serem a primeira ou a última a fazer no meu local preferido. Uma vez, quando cheguei para nadar, já havia outra pessoa na água: uma residente de verão de longa data chamada Margaret, provavelmente com seus sessenta e poucos anos, embora julgar a idade seja uma coisa difícil de se fazer na ilha. É uma mulher inteligente, elegante e sincera, uma pintora que cresceu passando longos verões naquele lugar e que sempre ficava sozinha na ilha durante as primeiras semanas do outono. Ela estava em perfeita harmonia com o local. Como Sita, tinha se desenvolvido no isolamento na ilha. Naquele dia, porém, eu não estava consciente da profundidade dela. Ainda que admirasse sua ligação com a ilha, nunca pensei que ela fosse um repositório de conhecimento esotérico. Pensava nela como a mulher da casa ao lado cujo marido tinha tesouras de poda movidas a bateria e que as usava em horas impróprias.

Margaret estava de pé, muito quieta na água, mergulhada até a altura do peito. Percebeu-me observando-a e depois de um momento fez um comentário. "Centímetro a centímetro", disse, e deu um pequeno passo em direção ao fundo. "Não entendo essas pessoas que vão entrando correndo", acrescentou algum tempo depois.

Fiquei observando-a desconfiado, tentando não levar seu comentário para o lado pessoal. Tudo era muito calmo. O Sol brilhava e a água lambia gentilmente a praia. Barcos velejavam a distância. Uma águia-do-mar circulava no céu, logo acima da minha cabeça, guinchando para seu companheiro. Olhei Margaret se movendo imperceptivelmente em direção ao fundo. O tempo passava.

"Você não está com frio?", perguntei finalmente. A água estava um pouco acima de seu queixo.

"Você deveria experimentar", murmurou antes que a água cobrisse sua boca.

Aproximei-me da beira e coloquei um pé após o outro na água. Com a água na altura dos tornozelos gemi, tão fria estava sua temperatura. Entrar daquela maneira vagarosa exigia muito mais coragem do que saltar para dentro e sair às pressas. A abordagem mais machona era mais temerosa. Meus pés começaram a doer e, então, ficaram amortecidos.

"Espere um pouco", disse ela, longe na angra. Estava nadando agora, mas ainda me observava. "Espere até você se acostumar, daí entre um pouco mais".

ABERTO AO DESEJO

Conforme eu entrava centímetro a centímetro na água, comecei a notar como tudo era espetacular. Quente em cima e frio embaixo. Mas inesperadamente o frio era confortável. Conforme as partes submersas do meu corpo se acostumavam, eu me sentia muito bem. E a parte superior do meu corpo estava quente com o calor do Sol. Minha atenção veio repousar na linha entre o ar e a água. A cada passo, o limite mudava um pouco, desenhando um novo círculo ao redor do meu torso. Alguns momentos eram mais difíceis do que outros: quando minhas mãos tocaram a água pela primeira vez, quando minha virilha submergiu, quando meus mamilos ficaram debaixo da água e quando meu pescoço foi tocado. Mas a cada vez, o choque inicial cedia, e eu me sentia confortável. Levou cerca de meia hora ate a água chegar à altura da minha boca, mas eu me sentia aquecido. O alto da minha cabeça estava radiante. Nunca tinha ficado naquela água mais que quatro ou cinco minutos. Aquilo era algo mais.

Consegui ficar de pé, mesmo com o balanço do mar querendo me erguer. Deixei a água correr por cima do meu rosto, cobrir meus olhos e minha testa. Apenas a parte superior da minha cabeça ainda estava aberta ao céu. De dentro da água, aquilo me pareceu meditação. A maior parte do meu corpo estava sob a água, exatamente como a maior parte da minha experiência podia ser observada atentamente pela contemplação. Mas havia ainda uma parte que ainda não estava submersa, o que me lembrou da consciência tentando observar a si mesma. A maior parte de mim estava na água, mas um pedacinho ainda estava fora. Eu era como o desejo buscando alcançar seu objeto, apenas para descobri-lo me iludindo. A dualidade ainda me tinha sob sua influência.

De repente, senti o oceano cobrir minha cabeça. O calor ardente ficou muito frio. Estava submerso e ergui meus pés, tirando-os do fundo lodoso e comecei a girar debaixo da água. Movi as pernas e deixei meus braços penderem imóveis ao meu lado. Balancei-me e girei, em vez de nadar, sentindo cada pedaço do meu corpo. Minha barriga estava quente e cheia, e me senti um parente das focas. Em casa, na água, mergulhei e rodopiei feliz. A consciência e seu objeto pareciam ser apenas um. Havia calma em todos os meus movimentos.

"Sei como chamar isso", queria dizer, o apego da linguagem reafirmando-se no meu cérebro. Mas não sabia se Margaret entenderia. "Finalmente", pensei, imaginando Buddha girando a roda do Dharma. "O enrolado de lagosta perfeito!"

REFERÊNCIAS

ABRAM, J. *The language of Winnicott*. Northvale, N.J. & London: Jason Aronson, 1996.

ANDERSON, R. *Being upright*: zen meditation and the Bhodhisattva precepts. Berkley: Rodmell Press, 2001.

BAKER, I. *The Dalai Lama's secret temple*: tantric wall paintings from Tibet. New York: Thames and Hudson, 2000.

BARTHES, R. *A lover's discourse*. New York: Hill & Wang, 1978.

BATCHELOR, S. *Verses from the center*. New York: Riverhead Books, 2000.

BENJAMIN, J. *The bonds of love*. New York: Patheon Books, 1988.

_____. *Like subjects, love objects*: essays on recognition and sexual difference. New Haven & London: Yale University Press, 1995.

BION, W. R. *Cogitations*. London: Karnac Books, 1992.

BUCK, W. *Ramayana*. Ilustrações de Shirley Triest, introdução de B.A. van Nooten. Berkeley & Los Angeles: University of California Press, 1976.

CALASSO, R. *Ka*: stories of the mind and gods of Índia. New York: Vintage Books, [s.d.].

_____. *Literature and the gods*. New York: Alfred A. Knopf, 2001.

CAMPBELL, J. *Traveller in space*: gender identity and tibetan buddhism. London: Continuum Press, 1996-2002.

CARSON, A. *Eros*: the bittersweet. Dalkey Archive Press, 1986-1998.

CHASSEGUET-SMIRGEL, J. *Sexuality and mind*. New York & London: New York University Press, 1986.

_____; GRUNBERGER, B. *Freud or Reich? Psychoanalysis and illusion*. New Haven & London: Yale University Press, 1986.

CLEARY, T. *The ecstasy of enlightenment*: teachings of natural tantra. York Beach, Maine: Samuel Weiser, 1998.

CONZE, E. *Buddhism*: its essence and development. New York: Harper Colophon, 1951-1975.

Aberto ao Desejo

CORBIN, H. *Alone with the alone*: creative imagination in the Sufism of Ibn'Arabi. Bollingen Series XCI. Princeton, N. J.: Princeton University Press, 1969.

COZORT, Daniel. *Highest yoga tantra*. Ithaca, N.Y.: Snow Lion, 1986.

DANIELOU, A. *Gods of love and ecstasy*: the traditions of Shiva and Dionysus. Rochester, Vt.: Inner Traditions, 1979-1992.

_____. *The hindu temple*: deification of eroticism. Rochester, Vt.: Inner Traditions, 1977-2001.

DONIGER, W.; KAKAR, S. *Kamasutra*. Oxford & New York: Oxford University Press, 2002.

DUMOULIN, H. *Zen Budhism*: a history: India and China. New York: Macmillan Publishing Company, 1998.

ECK, D. *Banaras*: city of light. New York: Alfred A. Knopf, 1982.

EIGEN, M. *Damaged bonds*. London & New York: Karnac Press, 2001.

_____. *Ecstasy*. Middletow, Ct.: Wesleyan University Press, 2001.

FAURE, B. *The red thread*: buddhist approaches to sexuality. Princeton, N.J.: Princeton University Press, 1998.

FISHER, R. *Buddhist art and architecture*. London: Thames & Hudson, 1993.

FONAGY, P. *Attachment theory and psychoanalysis*. New York: Other Press, 2001.

FREUD, S. *The Standard edition of the complete psychological works of Sigmund Freud*. Edição e tradução de J. Strachey. London: Hogarth Press, 1953-1974. v. 1-24.

_____. Studies on hysteria. In: *SE* 2, 1895.

_____. Analysis of a phobia in a five-year-old boy, In: *SE* 10, 1909. p3-148.

_____. Beyond the pleasure principle. In: *SE* 18, 1920. p. 1-64.

_____. Civilization and its discontents. In: *SE* 21, 1930. p. 59-145.

_____. Findings, ideas, problems. In: *SE* 23, 1941. p. 299-300.

GOLDMAN, R. *The Ramayana of Valmiki*. Princeton, N.J.: Princeton University Press, 1984-1990.

GOLEMAN, D. *Destructive emotions*: how can we overcome them?: a scientific dialogue with the Dalai Lama. New York: Bantam Books, 2003.

REFERÊNCIAS

GREEN, A. *Chains of Eros*: the sexual in psychoanalysis. London: Rebus Press, 2000.

GROTSTEIN, J. *Who is the dreamer who dreams the dream?* Hillsdale, N.J. & London: Analytic Press, 2000.

HOPKINS, J. *Sex, orgasm, and the mind of clear light*: the sixty-four arts of gay male love. Berkley: North Atlantic Press, 1998.

_____. *Tibetan arts of love*: sex, orgasm and spiritual healing. Ithaca, N.Y.: Snow Lion Publications, 1992.

HUMPHREYS, C. *The wisdom of buddhism*. London: Curzon Press, 1987.

INGALLS, D. *Sanskrit poetry*: from Vidyakara's "Treasury" Cambridge: Harvard University Press, 1965-2000.

JUNG, C. *Modern man in search of a soul*. New York: Harcourt, Brace & World, 1933.

KERNBERG, O. *Love relations*: normality and pathology. New Haven & London: Yale University Press, 1995.

KLEIN, A. *Meeting the Great Bliss Queen*: buddhists, feminists, and the art of the self. Boston: Beacon Press, 1995.

KNOX, R. *Amaravati*: buddhist Sculpture from the Great Stupa. London: British Museum Press, 1992.

KOHN, R. *Lord of the dance*: the Mani Rimdu Festival in Tibet and Nepal. Albany: State University of New York Press, 2001.

KORNFIELD, J. *A path with heart*. New York: Bantam, 1993.

LAL, P. *Dhammapada*. New York: Farrar, Strauss & Giroux, 1967.

_____. *The Ramayana of Valmiki*. New Delhi: Vikas Publishing House, 1989.

LEAR, J. *Love and its place in nature*. New Haven: Yale University Press, 1990.

LEVINAS, E. *Ethics and infinity*. Tradução de Richard Cohen. Pittsburgh: Duquesne University Press, 1982-1985.

_____. *On escape*. tradução de Bettina Bergo. Stanford, California: Stanford University Press, 1982-2003.

_____. *Totality and infinity*. Tradução de Alphonso Lingis. Pittsburgh: Duquesne University Press, 1961-2001.

LOEWALD, H. *Sublimation*. New Haven & London: Yale University Press, 1988.

ABERTO AO DESEJO

MENZIES, J. *Buddha*: radiant awakening. Sydney: Art Gallery of New South Wales, 2001.

MITCHELL, S. *Can love last? The fate of romance overtime*. New York & London: W.W. Norton, 2002.

NANAMOLI, B. *The life of the Buddha according to the Pali Canon*. Kandy, Sri Lanka: Buddhist Publication Society, 1972-1992.

ODIER, D. *Desire*: the tantric path to awakening. Rochester, Vt.: Inner Traditions, 1999-2001.

O'FLAHEARTY, W. *Shiva*: The erotic ascetic. Oxford: Oxford University Press, 1973.

PAZ, O. *The doublé flame*: love and eroticism. Tradução de Helen Lane. San Diego, New York & London: Harcourt, Brace & Company, 1993-1995.

PHILIPS, A. *On kissing, tickling and being bored*. Cambridge: Harvard University Press, 1993.

_____. *Terrors and experts*. Cambridge: Harvard University Press, 1996.

_____. *Darwin's worms*. New York: Basic Books, 2000.

RAHULA, W. *What the Buddha taught*. New York: Grove Press, 1959-1974.

RAWSON, P. *Oriental erotic art*. New York: Galley Books, 1981.

REPS, P. *Zen flesh, zen bonés*. New York: Anchor Books, 1989.

SAFRAN, J. *Psychoanalysis and buddhism*. Boston: Wisdom Publications, 2003.

SHAW, M. *Passionate enlightenment*. Princeton, N. J.: Princeton University Press, 1994.

SIMMER-BROWN, J. *Dakini's warm breath*: the feminine principle in Tibetan Buddhism. Boston: Shambala Publications, 2001.

SLAWSON, D. *Secret teatchings in the art of japanese gardens*. Tokyo, New York & London: Kodansha International, 1987.

SNODGRASS, A. *The symbolism of the Stupa*. Ithaca, N. Y.: Southeast Asia Program, 1985.

STEVENS, J. *Lust for enlightenment: buddhism and sex*. Boston & London: Shambala Publications, 1990.

STRONG, J. *The experience of buddhism*. Belmont, Calif.: Wordsworth Publishing Company, 1995.

REFERÊNCIAS

THEWELEIT, K. *Object-choice:* (all you need is love…). London & New York: Verso, 1990-1994.

THURMAN, R. *Essential tibetan buddhism.* San Francisco: HarperSanFrancisco, 1995.

TRUNGPA, C. *Cutting through spiritual materialism.* Berkley: Shambala Publications, 1973.

VERHAEGHE, P. *Love in a time of loneliness.* New York: Other Press, 1999.

WINNICOTT, D.W. *The maturational processes and the facilitating environment.* Madison, Ct.: International Universities Press, 1965-1991.

_____. *Playing and reality.* London and New York: Routledge, 1971-1989.

OBRAS NA ÁREA DE BUDISMO PUBLICADAS PELA EDITORA GAIA:

*A cura definitiva – O poder da compaixão**
Lama Zopa Rimpoche

A essência do sutra do coração
Sua Santidade o Dalai Lama

Autocura I – Proposta de um mestre tibetano
Lama Gangchen Rinpoche

*Autocura Tântrica II – Autocura Tântrica do corpo e da mente, um método para transformarmos
este mundo em Shambala*
Lama Gangchen Rimpoche

Autocura Tântrica III – Guia para o supermercado dos bons pensamentos
Lama Gangchen Rimpoche

Coragem para seguir em frente
Lama Michel Rinpoche

Dzogchen – A essência do coração da Grande Perfeição
Sua Santidade o Dalai Lama

Iluminação cotidiana – Como ser um guerreiro espiritual no dia a dia
Venerável Yeshe Chödron

Introdução ao Tantra – A transformação do desejo
Lama Thubten Yeshe

Mania de sofrer – Reflexões inspiradas na Psicologia do Budismo Tibetano
Bel Cesar

Mente em conforto e sossego – A visão da Iluminação na Grande Perfeição
Sua Santidade o Dalai Lama

Morte, estado intermediário e renascimento no Budismo Tibetano
Lati Rinpoche e Jeffrey Hopkins

O caminho para a iluminação
Sua Santidade o Dalai Lama

O lapidador de diamantes – Estratégias de Buddha para gerenciar seus negócios e sua vida
Gueshe Michael Roach

O livro das emoções – Reflexões inspiradas na Psicologia do Budismo Tibetano
Bel Cesar

*Oráculo I – Lung Ten – 108 predições de Lama Gangchen Rinpoche e outros mestres do
Budismo Tibetano*
Bel Cesar

Viagem interior ao Tibete – Acompanhando os mestres do Budismo Tibetano
Lama Gangchen Rimpoche e Lama Michel Rinpoche
Bel Cesar

* prelo

GRÁFICA PAYM
Tel. (011) 4392-3344
paym@terra.com.br